Clemens Laar:

. . . reitet für Deutschland

CLEMENS LAAR

. . . reitet für Deutschland

Das Reiterschicksal des Carl Friedrich Freiherr von Langen

mit zeitgenössischen Dokumentarphotos und

12 Zeichnungen von Hans Arlart

190.—192. Tausend

ADOLF SPONHOLTZ VERLAG
INH. C.W. NIEMEYER - HAMELN

Schutzumschlag: Karl Hartig, Gütersloh. Die Bilder stellten zur Verfügung: Allgemeen Fotobureau, Amsterdam; Carl Duncker, Berlin; Max Genz, Stralsund; F. Küller, Malmö; A. Menzendorf, Berlin; U. Petti, Rom; F. Scatizzi, Rom; T. H. Schmeck, Aachen; Otto N. Voß, Hamburg; Ed. Zinsel, Darmstadt.

Gesamtherstellung C. W. Niemeyer Hameln

ISBN 3 87766 035 5

Wappen der Familie von Langen

Um die dritte Mittagsstunde des 6. Juli 1927 starb in Luzern der Prinz Friedrich Siegesmund von Preußen den Reitertod.

Soldatentod und Reitertod, welch klingenden, klirrenden und lügnerischen Klang haben diese Worte, und doch geschieht es immer wieder, daß einer sie mit Wahrhaftigkeit und Sinn zu füllen und erfüllen sucht.

So geschah es bei diesem Reiter, der jetzt sein Leben verströmen spürte, und der doch nur an das Vermächtnis einer selbstgewählten Pflicht dachte, das er hinterlassen mußte.

Vor zwei Tagen war er gestürzt. Er hatte den Trakehner Posidonius, den er im Auftrag des Deutschen Olympiade-Komitees ritt, zur Morgenarbeit auf den Luzerner Exerzierplatz genommen. Bei allen einheimischen und fremden Reitern, die auf dem Luzerner Turnier des Juli 1927 ihre Kräfte maßen, war der Platz berüchtigt. Wenn es regnete, wurde die dünne Grasschicht über dem Geröllboden schwierig und glitt, oft in breiten Bahnen, unter den Pferdetritten davon.

An diesem Tage hatte es in den frühen Morgenstunden geregnet. Ganz kurz hatte Prinz Friedrich Siegesmund überlegt, ob er nicht doch besser auf die tägliche Morgenarbeit mit dem Wallach verzichten solle. Im Rahmen des Turniers sollte er ohnehin nicht mehr gehen. Der Schimmelwallach aus Ostpreußen galt als ein Pferd von ungewöhnlicher Veranlagung und wurde von seinem Reiter ausschließlich im Hinblick auf die große kommende Aufgabe gearbeitet. Alle Hoffnungen für die Olympiade im nächsten Jahr konzentrierten sich auf ihn.

Dann aber überlegte der Prinz, daß es vielleicht sogar gut wäre, das Tier einmal unter fremden und sehr ungünstigen Bedingungen über schwere und feste Sprünge zu nehmen. Posidonius mußte lernen, unabhängig von äußeren Begebenheiten zu werden. Wer konnte wissen, was die deutschen Reiter und Pferde bei der Olympiade erwartete.

Posidonius war ein Pferd, das sich auch mit ungünstigem Geläuf abfinden konnte, aber dieser Boden war ihm fremd und unheimlich. Er war spürbar unsicher auf den Beinen.

Zwei Barrensprünge nahm der Wallach unwillig, aber ohne direktes Widerstreben, dann aber kam ein mittlerer Graben mit einem Koppelrick dahinter.

Posidonius verweigerte.

Sein Schnauben klang nicht ablehnend, sondern ängstlich.

Spürte das Pferd, was der Reiter nicht erkennen konnte?

War es eine Mahnung?

Prinz Friedrich Siegesmund ritt erneut an. Das Pferd lag schwer auf dem Zügel, aber es zog, wenn auch verkrampft, tapfer den Sprung an.

Im Augenblick des Abdrückens verlor er die Hinterbeine. Unter den stemmenden Hufen glitt die Grasnarbe wie eine Perserbrücke auf gebohnertem Parkett davon. Der Reiter mit der Bewegung weit nach vorn gegangen, konnte nicht mehr aussitzen, als das Pferd, in dem Bestreben, den Fall aufzufangen, sich nach rechts warf.

Posidonius kam wieder auf die Beine, aber seinen Reiter hatte er im ungebärdigen Schwung des Absprunges über den Graben und in die Stangen des Ricks geschleudert. Dort fand ihn ein holländischer Offizier.

Nach zwei Tagen der Qual, die er ohne Schmerzenslaut erduldete, ging es nun ans Sterben.

Er wußte es. Er hatte es wohl von Anfang an gespürt.

Noch war er nicht allein. Die Freunde aus aller Welt drängten sich um ihn. Die Reiter aus Frankreich und Belgien, aus der Schweiz und Ungarn, aus Dänemark und Holland.

Keine alten Freunde. Der Mann, der jetzt sterben sollte, hatte sie erst in den vergangenen Stunden und Tagen sich und seinem Vaterlande gewonnen.

Sein Blick wanderte von einem zum anderen, und als sie nun herantraten und die Hand über seine ausgeblutete Rechte legten, die kraftlos auf der Decke lag, da war es für sie ein Gruß, der sagte „auf morgen", während er still von jedem einzelnen Abschied nahm.

Auf immer denn, Freunde ...

Alle waren voll Hoffnung, auch die Ärzte. Er wußte es besser.

Schließlich waren sie alle gegangen, die deutschen Kameraden und die Freunde aus der Fremde. Männer wie er und Brüder im Geiste. Jeder von ihnen hatte noch in den Morgenstunden sein Blut für ihn angeboten, und neben dem fachlichen Gremium der Ärzte hatte ein förmlicher Ehrenrat bestimmen müssen, wer das Opfer bringen durfte. Die Männer und Frauen aus allen Nationen Europas hatten schließlich verstanden, daß ein Kamerad aus dem eigenen Volke das Vorrecht hatte. So hatte der Freiherr von Nagel von den deutschen Reiteroffizieren den entblößten Arm neben den seinen gelegt und sein Blut überfließen lassen.

Wo blieben Haß und Feindseligkeit, wenn die Herzen der Menschen sich begegneten? Sie hatten alle die gleiche Liebe, das Pferd, und sie alle dienten dem gleichen Ziel: die Ritterlichkeit und den Anstand zurückzubringen in die verworrenen Seelen dieser Welt.

Es war eine gute Sache, als Reiter zu leben und — zu sterben.

Als er dann allein mit seiner Frau war, sagte er unvermittelt leise und klar:

„Ich will, daß ihr mich im roten Rock begrabt. Nicht in der Uniform. Ich war ja immer nur ein Reiter . . ."

Fest begegnete er ihrem entsetzten Blick, der ein stummer Aufschrei war, und dann tastete er nach ihrer Hand. Seine Augen fielen zu. Plötzlich schlug er sie wieder auf und sagte übermäßig laut und nüchtern:

„Aber der Schimmel ist unsere Hoffnung. Hanko soll ihn reiten."

„Du darfst dich nicht quälen."

„Wir müssen auf der Olympiade bestehen. Wir müssen . . . Der Schimmel ist unser beste Waffe. Sag' es ihnen. Ich weiß es . . . Wer sollte es besser wissen. Und Hanko soll reiten . . ."

Nur, wer reiterliche Herzen nicht kennt, mag es verwunderlich finden, daß dieses sein letztes Anliegen war. Ein Vermächtnis, bezahlt mit den letzten, immer schneller verrinnenden Minuten und geboren aus einem letzten weiten Blick zurück und — nach vorn.

Kurz darauf hatte Prinz Friedrich Siegesmund von Preußen den letzten großen Sprung seines Reiterlebens vollbracht.

Einer der letzten, die das Zimmer des Sterbenden verlassen hatten, war sein bester Freund, Hanko Langen, gewesen. Er war am Vortage selbst schwer gestürzt und konnte nur gestützt auf andere herbeieilen.

Freundschaft verband die beiden Männer, darüber hinaus die gemeinsame große Liebe, aber vielleicht von Anbeginn auch das

Bewußtsein, unter dem gleichen Stern und unter dem Appell der gleichen, selbstgesetzten Pflicht zu stehen.

Vielleicht war es so, daß in dieser Abschiedsstunde Hanko Langen in leisem Schauern die Ahnung spürte, daß auch sein Schicksal sich in der gleichen Form vollenden sollte wie jenes des Freundes.

Sicher ist, daß er das Vermächtnis des Freundes in seiner ganzen tiefen Verpflichtung empfand und vielleicht damit erst sein Leben, das eine einmalige Ballade von ritterlichem Streben, von Vollendung, von Tod und Verklärung gewesen ist, seine Weihe empfing.

Begonnen aber hatte die Geschichte von Hanko Langen und dem Pferde, das ihm den Namen gab, schon vor langen Jahren.

Beide kamen sie aus dem Krieg. Der Mann und das Pferd, das Hanko hieß.

Sie trugen beide Wunden, sie waren beide fast zerbrochen in dem großen Wirbel von Tod und Grauen. Es erwartete sie alle zwei auch kein Friede daheim, kein Glück wohliger Erschlaffung.

Für beide hieß der Friede Qual und Schmerzen; genau wie zuvor.

Den Mann brachten sie gelähmt und schwer verwundet auf einer Bahre in das große rote Haus am Strehlener Sund, und das Pferd lahmte, fingerlange Granatsplitter in der Kruppe, mit dem letzten Bagagetroß über die Grenze.

„Für einen Karren oder vielleicht für den Schinder noch gut genug", hatte der Bagageunteroffizier gedacht, als man ihm das Pferd anvertraute.

So kamen die beiden heim; der eine von Osten, der andere vom Westen her, und wer damals gesagt hätte, daß es diesem siechen Mann und diesem zerschundenen Kampagnepferd vorbehalten sein sollte, draußen in der Welt zum ersten Male wieder das Deutschlandlied erklingen zu lassen, wer vorausgesagt hätte, daß diese beiden es sein würden, die zum ersten Male wieder eine fremde Menge zwingen sollten, den deutschen Namen in Achtung zu nennen, wer die Kühnheit zu solcher Behauptung gehabt hätte, der wäre nicht einmal einem Lachen, sondern im besten Falle einem mitleidigen Schulterzucken begegnet.

Fast in gleicher Stunde kehrten sie so heim. Carl-Friedrich von Langen und das Pferd Hanko, das so sein eigen werden sollte, wie nie vorher und wie wohl auch niemals wieder ein Mensch ein Tier besaß und besitzen wird.

Ein Zufall, gewißlich nichts anderes als ein Zufall, daß nahezu um die gleiche Stunde, da neben Hanko der Oberflächenkrepierer aufschlug, der Rittmeister von Langen nach der Meinung seiner Kameraden, nach allen Gesetzen der Wirklichkeit überhaupt, zum letzten Male in den Sattel gestiegen war.

*

Offizierspatrouille in den Karpaten. Die ersten Garde-Ulanen, die bei Brceziny den großen Durchbruch mit ihrem besten Blut bezahlt haben, decken hier die Flanke der Armee gegen die starken russischen Reitermassen, die noch Brussilow gesammelt hatte.

Man hatte Stärke vorzutäuschen; man hatte die Aufgabe, dem Russen einen deutschen Mann für hundert erscheinen zu lassen, und das bedeutet: reiten und immer wieder reiten. Bedeutet schnelle, tollkühne Vorstöße, bedeutet schließlich eine langsame aber sichere Selbstaufopferung. Was Patrouillenritt genannt wird, das ist in Wahrheit jedesmal eine reiterliche Winkelried-Tat.

So kommen sie einmal zu Dreien zurück — zwanzig waren ausgezogen — und als die Pferde durch einen Karpatenbach wateten, den auch der Bergwinter nicht in Starrheit schlagen konnte, da bläfft von einem Geröllhaufen her ein russisches Maschinengewehr auf.

Zwei entkommen, und dies wohl nur, weil das Tier des Rittmeisters von Langen die andern deckte.

Ein Zittern durch den Pferdeleib, ein schweres Stöhnen, und dann versinken Tier und Reiter in aufspritzendem Schaum und Kugelschlag.

In einem wilden Strudel von kochendem Silber, in einem höllischen Lärm von bösem Knattern und ewigem, brodelndem Rauschen kommt der von Langen wieder zur Besinnung, und er weiß auch zugleich, daß dies keine Gnade für ihn ist.

Da liegt er bis zu den Ohren in einer vorüberbrodelnden Flut, von der man nicht weiß, ob sie eiseskalt oder kochendheiß ist, begraben unter dem toten Leib des Pferdes, unfähig zu jeder Bewegung, und irgendwo steht ein russisches Maschinengewehr, das immer weiter schießt.

Nicht aufhören will dieses verfluchte, teuflische Mordinstrument, und vielleicht vergehen Minuten, vielleicht Stunden, bis die erste Kugel und gleich darauf auch die zweite trifft.

Ohnmacht, erneutes Bewußtsein und wieder Ohnmacht. Stunden vergehen so, und als endlich ein deutscher Vorstoß erfolgt und der Rittmeister unter dem Pferd hervorgezerrt wird, da ist der Mann schon mit einem halben Schritt über die Grenze der Ewigkeit gewechselt.

Er bleibt am Leben, gewiß, aber manchmal sehen sich die Militärärzte über seinem Lager hinweg bedeutungsvoll an. Was kann das schon für ein Leben sein, für das sie diesen Mann bewahrt haben! Wochen hat es allein gedauert, bis er imstande war, auch nur ein Lid zu rühren.

Es ist für alle klar, daß dieser Mann bestimmt zum letzten Male im Sattel gesessen hat. Die Ärzte murmeln etwas vom „Ausgleich der Zeit“, deuten auf mögliche Milderungen der

Lähmungserscheinungen hin, sprechen von zerrissenen kordischen Fäden, lassen auch durchblicken, daß manchmal die Natur Wunder tut, aber wer hinter die Maske ihrer professionellen Zuversicht zu blicken versteht, der weiß, daß es vielleicht erbarmungsvoller gewesen wäre, wenn man den Freiherrn von Langen nicht aus dem Karpatenbach gezogen hätte.

So kommt der Rittmeister von Langen nach Hause, aber als ihm einmal der berühmte Facharzt aus Göttingen sagt, daß eine kleine, eine ganz unscheinbare, eigentlich kaum prozentual faßbare Chance besteht, gesund zu werden, daß dies möglich ist, wenn ein eiserner Wille und eine stählerne Selbstzucht sich auf dieses Ziel richten und nicht in Jahren und auch nicht in Jahrzehnten erlahmen dürfen, da sagt der von Langen ganz still:

„Und ich werde doch wieder reiten!"

Und Hanko?

Hanko, das Pferd, das der Liebling des deutschen Publikums und schließlich sogar das berühmteste Pferd seiner Zeit werden sollte?

Hanko ist auch verurteilt worden! Nein, es ist gar nicht daran zu denken, daß dieses Pferd, so edel sein Blut sein mag, noch einmal unter dem Sattel gehen wird.

Ein schwerer Abschied für den Mann, den er durch den ganzen Krieg getragen hat, für den Rittmeister von Knobelsdorff.

„Adieu, Hanko. Es hilft nichts, alter Kamerad. Du hast ja nun auch schon ein gehöriges Stückchen Schicksal hinter dir."

Das ist wohl wahr. Hanko ist ungefähr fünfzehn Jahre alt, und an Erlebnisfülle hat sein Pferdedasein wenig seinesgleichen.

Wer soll ahnen, daß Hankos Schicksal erst beginnt.

Dieser Hanko, der eigentlich ein Franzose ist, und den der Rittmeister von Knobelsdorff in ehrlichem, männlichem Reiterkampf in der Marneschlacht erbeutete.

Doch das soll der Rittmeister von Knobelsdorff vom „Grenadier-Regiment zu Pferde Frhr. v. Derfflinger“ besser selbst erzählen:

„Meine Schwadron marschierte bei dem Vormarsch der dritten Division am ersten September an der Spitze des Gros. Meldereiter brachten mir aus Fallois die Nachricht, daß eine starke Abteilung französischer Gardekürassiere die Vormarschstraße beunruhige. Es hieß nun, unbedingt mit dem Gegner in Berührung zu kommen, um über seine genaue Stärke ein Bild zu haben und ihn gegebenenfalls auch zu vernichten.

Gegen Mittag, über den Hügelwellen tauchten gerade die Dächer des Dorfes Remy auf, erschienen etwa vierzig französische Kürassiere südlich der Chaussee.

Sofort ließ ich die Schwadron sich entwickeln, und als wir in scharfem Trab auf die Franzosen zuhielten, warfen sie ihre Pferde herum und suchten ihr Heil in der Flucht.

Obwohl es nicht sehr aussichtsreich war, ließ auch ich jetzt angaloppieren, und tatsächlich kamen wir immer näher und näher heran. Die Pferde des Gegners waren offensichtlich stark erschöpft.

Als die Franzosen sahen, daß wir immer mehr Boden gewannen, parierten sie durch und nahmen dann unsere Attacke an. Ungeheuer schneidig von den Leuten.

Wir beiden Führer rasten aufeinander zu, waren in Sekundenschnelle aneinander und kreuzten die Klingen. Bei dem Höllentempo, mit dem wir aufeinander zugerast waren, hieben

wir beide vorbei, aber das Duell fand ein sehr schnelles Ende. Mein Trompeter schoß über meine Schulter hinweg den Franzosen vom Pferd. Wie es sich später herausstellte, war es ein Leutnant Bennet. Nach einem wilden Handgemenge kam es zu einer erneuten Verfolgung bis in das Dorf Remy hinein, und hier ereilte die Franzosen ihr Schicksal. Sie liefen der Infanterie unserer Vorhut direkt in die Gewehre.

Schon während des Scharmützels war mir das Pferd des Leutnants Bennet aufgefallen. Jetzt sah ich mir den Gaul genauer an, und mein Reiterherz hüpfte vor Freude.

Es war ein bildschöner brauner Wallach, ein ungewöhnlich edles Tier mit ganz kleinen Hufen, die auf anglo-arabisches Blut schließen ließen.

Nichts Tadelnswertes war an diesem Pferd. Schräge, starke Schultern, Muskelbündel von erlesener Harmonie, kristallklare Beine, ein edler Hals.

Ich nannte das Pferd Hanko, und es hat mich treu und ergeben durch den Krieg getragen.

Wir alle liebten dieses Pferd. Nicht nur die Schwadron, sondern das ganze Regiment. Uns allen war es ans Herz gewachsen, vom ältesten Wachtmeister bis herunter zum Kriegsjungen Michel, den wir halbverhungert an einer polnischen Straße fanden, wo ihn die Kosaken beim Rückzug liegen gelassen hatten. Seine Eltern mögen irgendwo in Sibirien umgekommen sein.

Wenn heute alte Kameraden von der dritten Schwadron des „Grenadierregiments zu Pferde Frhr. v. Derfflinger" zusammenkommen, dann wird zuerst von Hanko gesprochen, von dem Unverwüstlichen, der bald überall an der Front ‚das Pferd mit dem Löwenherzen' hieß.

*

Wer von der Front heimkehrt, der ist kein reicher Mann, und so kann auch der Rittmeister von Knobelsdorff seinem Herzen nicht nachgeben und Hanko behalten. Vor dem Wagen mag Hanko noch gehen, aber dies selbst sehen zu müssen . . .

So kommt Hanko auf ein Bauerngut, und wenn der Besitzer auch den besten Willen und das größte Verständnis für den Kriegsveteranen Hanko hat, er kann nicht immer da sein, wo seine Gespanne arbeiten.

Hanko soll Dungkarren ziehen und Jauchefässer schleppen, und alles kann Hanko, nur das nicht. Hanko, der unverdrossen jede Qual und jede Entbehrung des Krieges auf sich genommen hat und der auch jetzt bereit ist, die letzte Kraft seiner zermürbten Knochen für den Menschen herzugeben.

Aber Dung und Jauche!

Die alten Reiter von der dritten Schwadron wissen, wie empfindlich ihr Hanko gegen alle üblen Gerüche war und wie der Kriegsjunge Michel den Hanko umworben hat und doch nie sein Vertrauen erlangen konnte, — und das nur aus dem einen Grunde, weil Michel ein Russenpferd ritt und deshalb immer noch ein ganz klein wenig nach Rußland roch. Etwas, was Hanko nun einmal nicht ausstehen konnte.

Wie sollen das die Tagelöhner und Gutsarbeiter begreifen, die nur willige oder bösartige Pferde kennen.

Hankos Leben besteht in dieser Zeit aus vielen, vielen Hieben, aus harten Worten und Faustschlägen. Das Kriegspferd Hanko ist nicht in den Frieden heimgekehrt.

Fern in seinem Haus an der Ostsee ringt um diese Zeit der Freiherr von Langen mit seinem Schicksal, und es sieht so aus, als ob er es meistert. Triumph des Willens, Sieg des Lebensglaubens.

Das Siechenbett wird überwunden, und dann und wann reicht es schon dazu, im Rollstuhl in die Sonne zu fahren und dem Flug der wilden Tauben nachzusehen. Es gelingt auch bereits, den Wagen bis an die Koppel heranzuschieben, wo die Jährlinge in verzückter Seligkeit über das junge Gras torkeln, und wenn in manchen bangen, einsamen Minuten die Augen naß werden, wenn das Reiterherz sich in ohnmächtiger Sehnsucht verzehrt, dann sind auch das nur Augenblicke, die den Stahl des Willens immer härter und fester schmieden.

Zwei Jahre gehen so ins Land, zwei Jahre, die ein Unmaß an verzehrender Qual, an Hoffnungslosigkeit und Aufbäumen mit sich bringen.

Zwei Jahre, aber dann ist eines Tages das Wunder da, und irgendwo tief im rotpulsierenden Gewebe haben sich in geheimnisvoller Verästelung mikroskopisch kleine Fädchen gefunden und einem reichen, vollen Männerleben wieder Sinn gegeben.

Der Mann, der für endlose Stunden im eisigen Karpatenwasser die Zielscheibe sibirischer Scharfschützen war und den das Schicksal ausersehen hatte, der größte Sportsmann und ein großer Mensch seines Landes zu werden, der kann jetzt auf Stöcken über die heimatliche Erde gehen.

Er kann sogar schon kleine Reisen zu diesem und jenem alten Kameraden unternehmen, und auf einer dieser Reisen geschieht es, daß er dem Pferde Hanko begegnet.

Ganz plötzlich stehen sie sich gegenüber, diese beiden „Kriegskrüppel", die vom Schicksal ausersehen sind, auf ihre Weise der

Welt einen ersten Respekt vor dem verachteten, armen Lande der Besiegten beizubringen.

Sie sehen sich, und in der gleichen Sekunde schlägt ein geheimnisvoller Strom vom Menschen zum Tier über. Eine Verbindung entsteht, ein Vertrautsein, eine Zusammengehörigkeit, für die es keine Erklärungen gibt, die nur mit dem Herzen zu begreifen ist.

Viele wird es geben, die da meinen werden, es sei eine Blasphemie, ein Tier in eine solche Nähe zum Menschen zu rücken, aber es ist so gewesen, und diese vorbildliche Gestalt eines deutschen Menschen, dieser Carl-Friedrich von Langen, war stolz darauf.

Diese beiden, Tier und Mensch, fühlten ihre schicksalsmäßige Zusammengehörigkeit, empfanden ihre Nähe und ihr Vertrautsein, und wer es wagt, darüber zu lächeln, der soll begreifen, daß die Augenblicke des Verstehens zwischen Mensch und Tier das Lächeln Gottes sind.

So trafen sie aufeinander, das Pferd Hanko und der Mann, dem wenige Jahre darauf eine begeisterte Umwelt den Namen geben wird, den er bis zur Vollendung seines Schicksals stolz trägt: Hanko.

*

„Ist das der Weg nach Alt-Ketzin?“ fragt der Freiherr von Langen.

Gott sei Dank, nach Stunden ist endlich ein Mensch in dieser ostpommerschen Einöde aufgetaucht. Man kam sich schon so vor, als sei man durch einen rätselhaften Zufall der einzig Überlebende einer Weltkatastrophe.

„Tjä“, knurrt der Alte, der sich so plötzlich mit seinem Kartoffelkarren neben den Wanderer geschoben hat. Ein hochgebauter Wallach, gräßlich ungepflegt mit seinem stachligen Winterfell und müde hängendem Kopf, zerrt ihn durch den braungelben Brei des Feldweges.

„Ist es noch weit?“

„Tjä.“

Stöhnend zieht der Wagen vorüber. Höhnisch blinzeln die Knollenhaufen über seinem Rand, die der Strichregen zu sauberem Glänzen aufgeputzt hat.

Der Mann, der sich schwer auf seinen Stock lehnt, lächelt still vor sich hin. Nur ein ganz klein wenig Bitterkeit und viel Verständnis liegen darin. Größer als jemals ist die Kluft zwischen dem Landvolk und dem Städter oder dem, den sie dafür halten. Es ist kahl geworden in deutschen Landen und in deutschen Herzen.

Langsam humpelt er hinter dem Karren drein.

Na schön, denkt er dabei, und dieser Gedanke kommt mit einer leichten Welle des Triumphes. Von mir aus können die Herren Eisenbahner streiken, solange sie wollen. Ich gehe ja ... ich kann ja wieder gehen ... Herrgott, ich kann ja wieder gehen ...

Was macht es dabei aus, wenn man mit zusammengebissenen Zähnen sich wehren muß gegen das Bedürfnis, einfach sich sinken zu lassen vor Schwäche.

Ich gehe! Herrgott, ich kann gehen ...

Ein paar Weidenstümpfe frösteln in der beginnenden Dämmerung. Krähen balgen sich über dem Sturzacker, flattern auf und verschwinden im grauen Dunst. Vorne kreischt die verrottete Karre. Auf ihr döst ein alter, zerbrochener Mensch in die feindliche Nebelwelt hinaus, vor ihr stapft ergeben und todtraurig ein Pferd durch den Schlamm.

Das Bild hat ein Satan erdacht, der die Herzen bange und hoffnungslos machen will.

„Trotzdem", sagt der Wanderer laut vor sich hin. „Trotzdem . . ."

Er krampft sich schweratmend an den Stock, es sticht mit tausend Nadeln im Oberschenkel und in den alten Wunden, der Himmel weint und die Erde trauert, aber er lächelt und denkt an das Wort, das er über sein Leben schreiben will:

„. . . und zog seine Straße fröhlich . . ."

Ja, so soll es sein! Gleich, wie sie aussieht!

Er geht weiter, und auf einmal ist er wieder am Karren. Wie von ungefähr ist er stehengeblieben. Der Alte hockt wie ein müder Troll auf dem Brett zwischen den schiefen Wänden. Selbst zum Antreiben scheint er zu gleichgültig zu sein.

Es riecht nach faulenden Kartoffeln und nach kaltem, nassem Tabak und noch nach etwas . . .

Es riecht . . .

Natürlich, der herrlichste Geruch auf der Erde ist es. Es riecht nach dem erhitzten Leib eines Pferdes, aber weil der Freiherr von Langen aus einem Geschlecht stammt, das von Anbeginn für das Pferd lebte, deshalb weiß er auch sofort, daß dies nicht der Geruch ist, den die Haut eines Ackerpferdes atmet. Nur bestes Blut riecht so, und wie er das denkt, da sieht er auch mit Staunen, wie wunderbar klar und edel gegliedert der struppige Körper des Tieres im klatschenden Regen steht.

Der Kopf des Pferdes hängt zwar tief auf die Vorhand hinab, aber die Beine stehen in herrlicher Spannung, klar und fest und gerade unter dem dürren Körper. In den Flanken sitzt das ganze leichte Zittern, wie es nur jene Pferde haben, die noch ein ganz klein wenig von dem Blut der sieben Stuten des Propheten besitzen.

„Wie heißt das Pferd?"

Der Freiherr von Langen fährt mit einer festen und dabei unendlich zärtlichen Bewegung dem Tiere über Nacken, Widerrist und Sattelbogen.

„Hä!"

„Wie heißt . . ."

Da hebt das Pferd den Kopf, und der Freiherr von Langen vergißt seine Frage. Er sieht in zwei dunkle, sanfte Augen, in denen eine Welt von Trauer, von stillem Schmerz und Einsamkeit liegt.

Dies ist die Stunde der Begegnung zwischen Hanko und seinem Herrn.

Es geschieht gar nichts weiter. Sie stehen ein paar Sekunden so und schauen sich an. Der Mensch hat die Hand auf dem schönen starken Hals des Tieres liegen, und das Pferd läßt, den Kopf unverwandt zurückgewendet, den Blick nicht von ihm.

Unablässig rieselt der Regen.

„Höüh!" gröhlt der Alte plötzlich, als ob er aus tiefem Traum erwacht.

Das Tier zieht nicht an. Ganz leise spielen die Finger Langens in der Mähne.

„Wie heißt das Pferd?"

„Höüh!"

„Ich habe gefragt, wie das Pferd heißt."

„'n Schinder is dat, keen Perd nich! Höüh!"

„Komm, mein Guter", sagt der Freiher von Langen, da zieht das Pferd an.

Der Mann läßt die Hand nicht vom Hals, der jetzt immer freier, immer stolzer wird. Nebeneinander waten sie durch den Schmutz, und manchmal spitzt von Langen die Lippen, und dann zucken die Ohren des Tieres vor.

Und zog seine Straße fröhlich . . .

So ziehen sie beide nebeneinander her ihrem Ziel zu, das ist vorerst das Herrenhaus von Alt-Ketzin. Es ist gar nicht zu verwundern, daß der Freiherr von Langen dort als erstes sagt:

„Wie heißt das Pferd? Ich möchte es gerne kaufen."

*

So finden sie sich, Hanko und Hanko, und nun trennen sie sich nicht mehr. Hanko geht mit in das leuchtende Haus am Meer.

Genauso ist es gewesen, und Menschen, die Pferde nur als Nutzgeschöpfe vor Lieferwagen und Pflugscharen sehen, die werden sicher zweifelnd die Lippen kräuseln und etwas von Verstiegenheit murmeln.

Sie wissen nichts von der Verbundenheit zwischen Mensch und Tier und schon gar nichts von der herrlichen Nähe, die der beste und edelste Begleiter des Menschen zu uns hat, eben das Pferd.

Für solche Leute soll dieser Vorgang denn in Gottes Namen nichts anderes sein als der überraschende Zufall, daß auf einem verregneten Feldweg in trüben Nachkriegstagen der Reiter Langen ein Pferd antraf, in dem er sofort die edlen Anlagen erkannte.

Warum nicht? Man kann es auch so erzählen.

*

Was ist das für eine grausame, aberwitzige Zeit, diese Epoche nach dem Waffenstillstand.

Deutschland ist in die Knie gesunken, und wer das echte Deutschland im Herzen trägt, der geht voll Wirrnis umher wie in einem Spuktraum, der nicht enden will, und er weiß kaum mehr, ob nicht auch er schon diese tolle Carmagnole der Selbstzerstörung mitmacht.

Wo ist Deutschland?

Von allen Seiten locken die Trommler und preisen ihr Gefilde als die eigentliche, die echte Stätte der deutschen Seele an.

Wo offenbart sich Deutschland?

Draußen, jenseits der Grenzen, gibt es wieder Feste, gibt es wieder friedlichen Wettbewerb in der Arena des Geistes oder des Sports.

Deutschland?

Deutschland hat Künstler, die noch auf dem Plan erscheinen könnten, aber diese Künstler hungern und müssen versuchen, Handwerker zu sein.

Die Wissenschaft?

Es gibt noch genug große Köpfe in Deutschland, aber zu welchen Zeiten hat jemals die Wissenschaft es vermocht, die Massen zu entflammen, zu begeistern, aufzurufen oder auch nur zu mahnen?

Und der Sport, jener dritte Faktor, mit dem ein Volk in Frieden sich vor der Welt die Achtung seines Daseins erkämpft?

Welcher Deutsche, der um jene Zeit noch Freunde im Ausland gehabt hat, erinnert sich nicht an Briefe von ihnen aus jenen Tagen. Briefe, in denen wohlmeinende Stimmen immer wieder beschworen:

„Warum rührt Ihr Euch nicht, warum zeigt Ihr der Welt nicht, wer Ihr wirklich seid? Warum hat niemand den Mut, der allgemeinen Feindseligkeit mit einer Leistung entgegenzutreten?

Ihr könnt es doch! Ihr könntet doch zeigen, daß Ihr nicht das Volk von Heloten seid, für das man Euch jetzt hält. Ihr könntet doch der Welle des Hasses und der Verleumdung entgegentreten, ehe sie immer höher und höher wächst!“

So war es, und man muß das wissen und sich daran erinnern, um zu begreifen, was das bedeutete, wenn einer, einer ganz allein, sich aufmachte, um draußen für sein Land zu kämpfen.

Von altersher sitzt ein Zweig der Langens in Schweden, und von denen trifft eines Tages ein Brief ein:

„Die Reitturniere und großen sportlichen Ereignisse mit Reiterkämpfen häufen sich jetzt bei uns und auch anderswo. Warum laßt Ihr Euch niemals sehen? Es ist sicher, daß ein einziger Sieg jetzt für Euer Land genauso bedeutsam sein kann wie im Kriege eine gewonnene Schlacht . . .“

Und das muß nun ein Reiter und glühender Patriot lesen, dem das Schicksal wohl für immer den Sattel verboten hat. Der es gerade mit letztem Aufgebot an Kraft und Glauben so weit gebracht hat, daß er den Rollstuhl mit den Stöcken vertauschen durfte.

Solch ein Brief kommt jetzt, und wenn der junge Rittmeister zuerst in hilfloser Ohnmacht und Erbitterung heulen möchte, weil es ihm verwehrt ist, sich einzusetzen, dann ist er schnell, männlich schnell darüber hinweg. Er schreibt die Nächte hindurch an Briefen, die in alle Winkel des Reiches flattern. Er läuft, nein er lahmt von einer Stelle zur anderen. Er zeigt die Briefe vor, die ihm von draußen ins Haus kamen. Er beschwört: Wir müssen uns wehren gegen die Diffamierung in der Welt, denn das ist genauso wichtig, wie wenn ein Volk seine Grenzen schützt!

Achselzucken.

Später, wenn der Zeitpunkt günstiger ... man dürfe es jetzt nicht wagen ...

Ja, verdammt noch einmal, denkt der von Langen, das ist es ja, daß man es jetzt wagen muß! Wer von uns etwas zu zeigen hat, der hat die heilige Pflicht, es j e t z t zu zeigen. Wer etwas zu sagen hat, der muß es jetzt sagen. Wir müssen es erreichen, daß die da draußen wieder den Hut vor uns abnehmen können und nicht verschlossene Gesichter bekommen, wenn der Name Deutschland fällt.

Viele zucken trostlos resigniert die Achseln; viele meinen, daß dieser kleine Rittmeister von Langen, der da aus irgendeinem pommerschen Nest hereingeschneit kam, ein richtiger verstiegener, nationalistischer Narr ist.

*

Es ist schon so; er ist ein wenig Narr, dieser Freiherr von Langen. Er ist so ganz und gar der „reine Tor“ des Wolfram von Eschenbach. So knabenhaft gläubig, so träumerisch versunken in einer Welt, die aus dem eigenen Herzen erbaut ist, die keine Ziffern kennt und keinen Profit, keine listige Kalkulation und keine vorsichtige Schläue. Er sagt nicht oft „Deutschland“ und „Vaterland“, aber wenn er es einmal in seltenen Augenblicken tut, dann geschieht es beinah scheu und zögernd.

Dieser große Knabe sieht nicht den Spott um den Mundwinkel seines Gegenübers, wenn er seine Gedanken ausbreitet und wenn er unbewußt zeigt, daß er mit einer weltfernen Selbstverständlichkeit an Begriffe wie Treue und Ehre, Hingabe und Aufopferung, Mut und Stolz auf seine Zugehörigkeit glaubt. Er hört nicht das leise Lachen hinter seinem Rücken, wenn er erkennen läßt, daß ihm sein Land und sein Volk mehr sind als nationalökonomische Fiktionen.

Eben ein Narr.

*

Wenn man von Langen damals auf den Kopf zugesagt hätte, warum er wieder verstohlen sein tief verpacktes Reitzeug hervorholt, warum er ganz für sich allein gymnastische Vorübungen zum Reiten treibt, warum er dann schließlich eines Tages das Unwahrscheinliche versucht und wieder in den Sattel steigt, wenn man ihm also gesagt hätte, daß er dies aus Trotz und Zorn gegen seine Umwelt und aus dem heißen Wunsch heraus tut, in seiner Art und auf seine Weise seinem Lande auch jetzt im Frieden zu dienen, dann hätte dieser Mann bestimmt nur das eine gesagt:

„Quatsch, ich will eben wieder reiten. Zu meinem Vergnügen. Das ist alles!"

Man hätte auch nichts dagegen sagen können. Wie ist es auch denkbar, daß ein schwerkranker Mann, dem nur durch ein Wunder des Himmels das Gehen wiedergegeben worden ist, jemals etwas anderes versuchen kann als einen gemäßigten Trab auf irgendeinem frommen Pferdegreis?

Wer soll auf die unmögliche Idee kommen, daß dieser Mann

den eisernen Entschluß gefaßt hat, wieder ein Reiter zu werden, der einmal für sein Land kämpfen darf.

Ein Siecher, ein Krüppel, wenn man so roh wie ehrlich sein will. Ein Mann, der seinem Lande schon seine Gesundheit geopfert hat.

Wer anders als ein reiner Tor, ein solcher ganzer Deutscher, kann einen derartigen Entschluß fassen?

*

Ganz von vorne, ganz von unten auf lernt der Rittmeister Carl-Friedrich Freiherr von Langen von den ersten Garde-Ulanen wieder das Reiten.

Niemand, auch der klügste Mensch und der erfahrenste Reiter nicht, kann ermessen, welch ein Unmaß an Beharrlichkeit, an Willen und Selbstüberwindung das kostet. Monate dauerte es, bis dieser Mann den müden Körper überhaupt erst dazu zwingen kann, sich im Sattel zu halten. Mit einer unendlichen Zahl von Stürzen und Verletzungen muß das bezahlt werden, mit langen, qualvollen Zwischenzeiten auf dem Krankenlager, und oft genug sieht es so aus, als ob nun alles, aber auch alles wieder verloren ist, was seit den furchtbaren Stunden im Karpatenwasser gewonnen wurde.

Aber der von Langen ist ein alter Frontsoldat, und wenn so einer etwas mit nach Hause bringt, dann ist es das Bewußtsein, daß es vor dem Willen eines ganzen Mannes nichts Unmögliches gibt.

Ein Jahr verstreicht, ein zweites und auch ein drittes, und in dieser so langen und so kurzen Zeit lernen ein Mann und ein Pferd alles das wieder, was ihnen der Krieg geraubt hat. Hanko und Hanko.

Denn das Pferd Hanko ist kein Karrengaul und ist auch kein Kampagnepferd. Langens Blick hat sich nicht getäuscht. Hanko muß einmal vor langen Jahren beste Schulung gehabt haben. Hanko beherrscht Gangarten und Bewegungen, die sonst nur die besten Lipizzaner-Hengste der jahrhundertealten spanischen Reitschule in Wien zu zeigen haben. Hanko geht sogar reiterlos in die Levade, aber es gibt nur einen Menschen, für den er es tut, und es wird auch in Zukunft immer nur diesen einen geben: seinen Herrn „Hanko".

So zwingen sie sich beide, Mensch und Pferd, zu immer höheren Leistungen, und leicht ist es für beide nicht, denn der Gutsherr auf Parow hat jetzt verbissen um die Erhaltung seines Besitzes zu kämpfen. Um sieben Uhr soll der Herr auf den Feldern sein, und er ist es, und keiner merkt ihm an, daß er um vier Uhr schon in der kleinen Reitbahn auf der Koppel mit seinem Hanko gearbeitet hat.

Und ebensowenig läßt der alte Hanko erkennen, was schon hinter ihm liegt, wenn er seinen vergötterten Herrn über die Stoppeln trägt.

Jeder Tag bringt diese beiden, Hanko und Hanko, ihrem Ziel näher, und das ist die Stunde, in der Gustav Göbel, der Altmeister der deutschen Reitkunst sagen mag:

„Jetzt seid ihr fertig!"

Und diese Stunde kommt. Ungefähr um die gleiche Zeit, da ein deutsches Blatt in einem „Brief aus Nizza" schreibt:

„Es gibt nur ein Land, in dem es Reiter und Reitkunst gibt, Eleganz und Kultur in dem vornehmsten, ältesten und ritterlichsten Sport der Welt, und das ist Frankreich."

Frankreich steht als Siegerstaat auf der Bühne der Welt, es ist die sieghafte Nation. Frankreich greift mit eifrigen Händen in diesen Tagen überall dorthin, wo es erneut Ruhm zu gewinnen gilt. Ein Sieg im Radrennen ist genau so wichtig wie ein neuer Autorekord, ein mit lautem Klappern der Welt offeriertes Theaterstück ebenso bedeutsam wie ein Negerboxer. Jeder Erfolg wird mit rauschenden Posaunenstößen in der heimischen Presse wie eine gewonnene Entscheidungsschlacht quittiert.

Wenn die Equipe der Kavallerieschule Saumur zu irgendeinem Auslandsturnier startet, dann ist es für das ganze Land so, als marschiere eine Armee ins Feld. Siegt die Equipe — und sie siegt meistens — so gibt es kleine Volksfeste.

Gloire, gloire, gloire . . !

Das ist nicht einmal etwas Ungesundes, diese Anteilnahme eines Volkes an seinen Repräsentanten, welcher Art sie auch immer sein mögen . . . Es ist auch kein Chauvinismus, wenn da und dort die Siegesfreude sich überschlägt. Man hat nur ein wenig den Maßstab verloren. Man feiert Siege in Abwesenheit des ebenbürtigen Gegners und weiß es schon gar nicht mehr.

Genauso steht es in Italien.

Die französischen und italienischen Reiter sind noble, ritterliche Sportsleute, aber wenn sie ihre Siege feiern, dann kommt es ihnen selten zum Bewußtsein, daß diese nicht vollkommen sind.

Für sie gibt es keine anderen Gegner.

Deutschland?

Tiens, Deutschland ist kein Land, über das man spricht!

Reiten ist eine Geschicklichkeit!

Jeder kann sie bei einiger Geduld erlernen.

Reiten ist auch eine Kunst.

Für viele ist sie erschließbar.

Reiten kann aber noch mehr sein als Geschicklichkeit und Kunst, und wenn einige wenige Auserwählte dies erreichen, dann finden wir in der engen Welt unserer Sprache keine Begriffsform mehr, dann setzt für jeden, der zuschauen darf, der ewige Assistent des unzulänglichen Kopfes ein, das Gefühl.

Jeder, der noch etwas ursprüngliche Ahnung im Blut hat, sei er Reiter oder keiner, sei er Sportsmann oder traditioneller Ofenhocker, empfindet es und muß es dann empfinden: hier ist ein wenig verwirklicht vom großen Planen des Schöpfers. Hier ist die Harmonie zwischen Mensch und Kreatur in höchster Vollendung.

Selbstverständliche Güte und hingebendes Wollen treffen sich, Verständnis ohne Hilfskonstruktionen ist da, ein unerzwungenes Miteinander ist da, ein ganz kleines Stückchen Boden ist wiedererobert von der verlorenen Traumwelt des Paradieses.

Nein, das sagt natürlich kein Kopf. Kein Mensch des zwanzigsten Jahrhunderts wird an der Barriere eines Reitplatzes stehen und sich in solcher Weise Rechenschaft darüber ablegen, wenn in seinem Herzen etwas aufbrandet, was reine Begeisterung über große sportliche Tat ist, ja noch mehr, was in heißem Entzücken einen ästhetischen Genuß begrüßt und doch dahinter noch ursprünglichere Quellen seliger Wärme erahnt.

Es ist schon so, daß es dieses dunkle Bewußtsein von einer erfüllten Forderung göttlicher Ordnung ist, was die Herzen so hoch schlagen läßt beim Anblick von Reiter und Pferd, die eine herrliche schwingende Einheit geworden sind.

Selten, unendlich selten ist das, und wenn es geschieht, dann ist es allen offenbar, die dann und wann einmal teilhaben dürfen an diesem Erlebnis.

Kluge Leute sprechen sehr oft von der „schon mystischen Verbundenheit“ von Reiter und Pferd. Sie wissen weit zurückzugreifen in die Vorzeit des Menschen und zeigen, wie seltsam es doch ist, daß in dem Grenzland zwischen Historie und Legende, aus dem das Bild vergangener großer Menschen erwächst, immer wieder die Mär von „ihrem Pferde“ auftaucht.

Sei das nun der „Bucephalos“ Alexanders oder der „Condé“ Friedrich des Großen, vergessen werden sie nicht.

Das ist kein Zufall. Es verhält sich einfach so, daß wir alle darum wissen, wie groß und wie hoch es zu werten ist, wenn einmal Mensch und Tier sich in echtem Verstehen finden.

Friedrich der Große, so weiß man es, war nach orthodoxen Maßstäben kein guter Reiter. Er saß verzogen und lässig auf dem Pferd. Er ritt mit unmöglich kurzen Bügeln. Immer nur mit zwei Fingern hielt er die Zügel, als seien es die Enden seiner Flöte. Und doch lebte das Tier unter ihm ganz in seinem Willen.

Wir wissen, daß der „Condé“ ihm nachlief wie ein Hündchen. Stundenlang sprach Friedrich mit ihm wie mit einem Menschen, stellte Fragen an ihn und schien auf eine geheimnisvolle, nur ihm verständliche Art Antwort zu erhalten. Alles das wissen wir, und deshalb können wir sagen, daß dieser große König, der niemals Sporen trug, trotz seiner absurden Bügel ein herrlicher Reiter war.

Vielleicht liegt darin das Wesen reiterlichen Erfolges, und deshalb mag es nicht das Wichtigste sein, wenn man von dem Freiherrn von Langen heute sagt, daß er ein Virtuose im Sattel war.

Wichtiger ist das Wort, das ein einstiger Gegner von ihm prägte, als das Schicksal sich erfüllt hatte: „Er war der letzte große Reiter.“

Reiter aus dem Blut heraus! Reiter, weil eine unendliche Güte, ein klares und sauberes Denken und Fühlen ihm die Brücke schlug zu der unverdorbenen Reinheit eines aristokratischen Geschöpfes.

Man kann es naiv finden und rührend, belustigend und einfaltsvoll, herrlich jungenhaft oder kindlich, wenn man diesen Freiherrn von Langen in der Zeit beobachtet, in der er noch nicht als „größter Reiter seines Landes" auf der Bühne der sportlichen Ehrgeize, Eitelkeiten und Leistungen erscheint.

Es ist aber nichts anderes als großartig.

Es ist mitreißend in seiner leuchtenden Lebensbejahung, wenn dieser Mann, der ein schweres Gepäck von Leid und Not und Sorgen zu tragen hat, neben seinem „Hanko" zur Koppel hinunterschreitet und ihm höchst ernsthaft auseinandersetzt, daß man noch viel, sehr viel zu lernen habe.

„Die Aktionen sind gut, aber weißt du, mein Guter, da fehlt noch der letzte Schwung. Vorn ist noch ein ganz kleines Restchen Steifheit, und da hilft es wohl nichts, wir werden mal ein paar Stunden longieren müssen: Genauso, wie wir es mit den grasgrünen Anfängern machen. Aber wir sind ja nicht eitel, nicht wahr, Hanko, mein Alter?"

Hankos Ohren spielen, er schnauft ein wenig und wendet den Kopf, und was jetzt in den zärtlichen Tiefen seiner Augen leuchtet, das ist eine Unendlichkeit von Hingabe, Treue und Freude.

. . . und er zog seine Straße fröhlich . . .

Über dem Sund jauchzen junge Lerchen, und sieghaft kämpft der reife, warme Atem des jungen Tages gegen die Morgenbrise.

„Bravo, Hanko! Und jetzt longieren wir ein wenig rechts, und da mußt du noch höher hinaus . . . So . . . ja, so ist's recht!

Bravo, Hanko! Nachher darfst du zuschau'n, wenn das junge Gemüse an die Reihe kommt!"

Selten braucht Carl-Friedrich von Langen die Peitsche beim Longieren. Ihm genügt die Stimme, und selbst wenn er bei dem ganz jungen Nachwuchs die Peitsche in die Hand nimmt, dann dient sie nur zum Richtungzeigen.

Übrigens, dieses junge Gemüse!

Ein paar Vierjährige, nur schwach in ihren Anlagen erkennbar und von wenig Fachleuten geschätzt, das sind sie. Unter dieser Hand aber werden Olympia-Sieger und Spitzenpferde aus ihnen.

„Gut so, mein Tier! Nur den Kopf noch freier! Nicht starr ... So, so ist's brav ..."

Ja, darüber kann man wohl lachen, aber man kann auch bewundernde Ehrfurcht spüren.

Nehmt es hin wie ihr wollt, aber wenn dann dieser seltene Mensch, dieser von Langen, auf dem Koppelzaun sitzt und mit Lachen in die Sonne sieht, wenn er das Brot bricht und vier, fünf Pferdeköpfe sich zärtlich an ihn schmiegen, dann gibt es wohl nichts, was für den Schöpfer ein gläubigeres „Ja" zu seiner Welt bedeuten kann.

*

Es steht der Leutnant Baillet im hellbraunen Torfmull der kleinen Dressurbahn von Saumur und hat einen irischen „Chestnut", einen mahagoniglänzenden Wallach, in Arbeit.

Das Tier steht zwischen zwei in den Boden gerammten Pfählen und ist voll aufgezäumt. Ein Martingal hält Kopf und Hals in edler Beugung, und rechts und links vom Trensenring fesseln es Riemen an die Pfosten. Der Ire lernt die Piaffe, das rhythmische, taktmäßige Schreiten auf der Stelle.

Er kaut das Gebiß, daß die hellen Schaumflocken fliegen, und lachend, breitbeinig steht der junge Reiter vor ihm.

Das Reitstöckchen tanzt vor des Pferdes schimmernden, neugierig eifrigen Augen wie ein Dirigentenstab.

„Aber nein, mein Braver, das war nicht richtig ... Du bist aus dem Takt ... Paß auf! So! La ... La la la ... La ... La la la ...“

Er singt, der kleine Leutnant, und jetzt geht es.

Wunderbar, denkt der Mann, ganz wunderbar! Zur Olympiade 1928 wird er unschlagbar sein. Wunderbar!

„La ... La la la ... La ... La la la ...“

Herrlich, mit Musik kann man einem Pferd alles beibringen, Pferde sind die musikalischsten Geschöpfe auf der Welt. Wie schade, daß sie nicht komponieren können ...

Ein Gardedragoner kommt auf ihn zugestampft.

„Hallo, Baillet! Ich habe eben die Nennungen für Malmö bekommen. Kurios!“

Der Leutnant Baillet ist nur mäßig interessiert. Was gibt es noch über Malmö zu sprechen? Malmö wird wieder ein französischer Triumph werden, wie alle anderen großen Veranstaltungen in den vorangegangenen Jahren.

Gedehnt fragt er:

„Warum kurios?“

„Ein Deutscher hat gemeldet. Und gleich für das schwere Jagdspringen und die große Dressurprüfung. Größenwahnsinnig!“

Unvermittelt müssen sie beide lachen.

Dann wird Baillet nachdenklich. „Warum lachen wir eigent-

lich? Ich glaube, das ist dumm und nicht vornehm. Sie waren die besten Soldaten der Welt, diese Deutschen."

Der Gardedragoner sieht den Kameraden ein wenig verlegen an. Die beiden jungen Menschen machen den Eindruck von Schuljungen, die sich selbst bei einer Dummheit ertappt haben. Wie eine Entschuldigung klingt es:

„Das war einmal, weißt du, Baillet. Die Deutschen sind heute nicht mehr das, was sie früher waren. Man hat ihnen zu sehr das Rückgrat gebrochen. Sie können nicht mehr aufrecht unter uns stehen."

Baillet schnallt wortlos sein Pferd von den Pflöcken. Auf einmal sagt er beinahe heftig:

„Welch ein Unsinn. Aber wir haben uns ja alle daran gewöhnt, ihn nachzureden. Soldaten wie wir sollten sich aber freihalten können von dem Geplärr und den Vorurteilen der Advokaten. Ich hoffe, daß der Deutsche ein guter Reiter sein wird. Sicherlich aber ist er ein kühner Mensch. Wie heißt er denn?"

„Wie soll ich das wissen? Laß sehen . . ."

Sie blättern in der Nennungsliste, und dann buchstabieren sie mühsam: „Frei . . . èr von Langén!"

„Ein Offizier? Offiziell entsendet?"

„Mais pas du tout! Wo denkst du hin? So etwas gibt es doch bei denen nicht mehr! Das ist irgend ein Privatmann, der seinem Ehrgeiz sein Vermögen opfert, oder vielleicht ein ganz reicher Junker. Aber was geht es uns an? Vielleicht wird es sehr interessant werden."

Der junge Gardedragoner weiß nicht, wie sehr er recht behalten soll.

*

Nein, der Freiherr von Langen ist gar kein reicher Mann. Boden und ehrliche Männerarbeit bedeuten schon seit langem nicht mehr Wohlstand und Gewinn.

Er ist weder ein in Besitz schwelgender Junker, noch ist er ein Mensch, der in verstiegenem Ehrgeiz diesen Besitz gefährdet.

Er ist ganz einfach ein Mann, der seinen Vorsatz ausführt. Unbeirrt, gar nicht feierlich, sondern lachend zuversichtlich, aber mit der spielerischen Gebärde einer letzten Entschlossenheit.

Er ist jetzt soweit. Als erster deutscher Sportsmann wird er hinausgehen, wird ihrem Spott, ihrem Gelächter, ihrer mitleidigen Verachtung und ihrer Verständnislosigkeit die strenge, aufrechte Selbstbeherrschung eines reiterlichen Menschen entgegenstellen. Er wird, so Gott will, eine Leistung zeigen, vor der sie — und sei es insgeheim — Achtung haben müssen.

Und die Kosten?

Ein kleines Vermögen verschlingt eine solche Expedition mit Pferden und Pflegern in das Ausland.

Was macht's? Man weiß, wozu es geschieht.

Man hat ja gespart, lange Jahre gespart und sich keine Zigarre gegönnt. Man ist Monat um Monat und Jahr um Jahr in dem alten, verschlissenen Reitröckchen aus Vorkriegstagen herumgelaufen. Es wird weiter seine Pflicht tun, es werden noch ein paar Dreiangel mehr in seinem Muster hinzukommen, aber es ist schließlich soviel wert wie die Schiffsreise für ein Pferd nach Malmö. Gewonnenes Geld für die Expeditionskasse.

Es gibt auch noch manches, was man verkaufen kann, und Gott sei Dank ist ein Mensch da, der alles begreift und mitmacht, der sich nie beklagt und für jeden neuen Verzicht immer wieder ein neues Lächeln findet.

Mimusch heißt dieser Mensch, und später, als der Name Langen Weltruhm hat, gibt es kaum einen Menschen vom letzten Galerieplatz bis zur Loge, der von der Freifrau Marie Louise von Langen anders als von „Mimusch“ spricht.

Die Ärzte meinen, daß eine längere Kur in einem sehr teuren Bad unumgänglich notwendig wäre. Die überforderten Nerven begehren in letzter Zeit allzuoft in zuckenden Schmerzen auf und bereiten manche schlaflose Nacht.

Was tut's? Das Geld ist für die Malmöer Reisekasse wichtiger.

In Paris unterschreibt der Generalsekretär der Heeresfinanzabteilung den sechsstelligen Scheck für die französische Equipe nach Malmö.

*

Es gibt nicht mehr viele Dinge im Leben, die Ole Krynn aus dem Gleichgewicht bringen können. Ole hat in grauer Vorzeit die ersten leichtathletischen Kämpfe vorbereitet. Ole hat bei der Stockholmer Olympiade das Platzproblem gemeistert, Ole wird seitdem zu jedem größeren Sportereignis als eine Art technischer Organisator zur Hilfe gerufen.

Er hat Größen kommen und gehen sehen, er hat viel kämpferische Vornehmheit und manche betrügerische Niedertracht mit ansehen müssen; er nimmt schließlich alles nicht mehr so wichtig.

Schon gar nicht dieses Malmöer Reitturnier jetzt, für das Ole wieder einmal in seiner Sparte verantwortlich zeichnet.

Groß und glänzend aufgezogen, gewiß, beinahe so bedeutsam gemacht wie die Olympiade, aber ...

Du lieber Gott, Ole ist ein wirklicher Sportsmann, und ihn reizt nur das Unvorhergesehene, die Offenheit des Ausganges.

Aber diese Reiterveranstaltungen nach dem Krieg ...

Frankreich und Italien schicken mit Sonderzügen und mit regelrechten Kriegskassen kleine Heere von Menschen und Pferden heran, und das paßt Ole nicht. Es gefällt ihm nicht mehr in der Welt, seit auch im Sport überall zum Schluß nur noch das Geld siegt.

Jetzt hockt er, knautschig und ergrimmt wie ein verärgerter Waldschrat, in dem Geräteraum unter der großen Tribüne.

Es ist sehr heiß, und es riecht schwer nach dunstendem Kiefernholz. Wie überall in Malmö, und das ist etwas, was Oles Laune keineswegs besser macht, denn diese schweren Sommerdünste verschlingen sogar den herrlichen Pferdegeruch, in dem Ole — soweit es seine Person betrifft — den einzigen Wert dieser sogenannten Reiterkämpfe sieht.

Ole hockt mit seinem rothaarigen Gehilfen vor einer verstaubten Kiste und sortiert die Flaggen aus, die für das gerade laufende schwere Jagdspringen vielleicht als Siegesbanner in den seidigblauen nordischen Himmel klettern sollen.

Ole gähnt. Das ist die französische Trikolore und da — beinahe wütend wirft er das Tuch dem Jungen zu — da sind die italienische und die ungarische, die der Teufel auseinanderhalten soll, da sind der Danebrog und dort die schweizerische Bundesflagge, und damit wäre auch dieser Fall erledigt.

„So, mehr brauchen wir nicht. Damit kommen wir aus!"

Er haut verdrossen den Kistendeckel zu und beginnt den Staub aus den Fahnentüchern zu schütteln. Von oben, wo bis jetzt beinahe tödliche Stille geherrscht hat, kommt ein dumpfes Brausen und frenetisches Händeklatschen. Irgendein Reiter hat seinen Parcours mit Glück beendet.

Und dann wieder Stille. Ole weiß, daß jetzt ein anderer anreitet, und er weiß auch, wie es weitergehen wird.

Mit zusammengekniffenen Fäusten, zitternd vor Erregung, werden die Zuschauer auch diesen Ritt verfolgen, und wenn einem die Begeisterung durchgeht, wenn selbstvergessen seine Hände Beifall trommeln, dann erhebt sich ein böses Zischen wie von einer urwelthaften Anakonda.

Ole liebt diese Atmosphäre zitternder, unterdrückter Spannung, die um so viel mehr die Erregung hochpeitscht als das laute Brüllen und Tosen beim Fußball oder bei der Leichtathletik. Ole liebt diese Disziplin, der sich die Massen unterwerfen müssen, sollen nicht Reiter und Pferd bei der ungeheuren

Nervenprobe, die ein Jagdspringen bedeutet, böse benachteiligt werden. Ole liebt diese Stimmung höchster Anspannung, wie sie nur Reiterkämpfe bringen, aber es müssen eben richtige Kämpfe sein.

Doch jetzt ...

Draußen mag einer Herz und Pferd über die Sprünge werfen, mag mit Aufbietung aller seelischen und körperlichen Kräfte seine und des Tieres Nerven zusammenhalten, ihn interessiert es nicht mehr. Gegen die Materialfülle der Franzosen und Italiener ist ja doch kein Aufkommen, und die teilen sich säuberlich die Konkurrenzen. Die Dressurprüfungen und das schwere Barrierenspringen für die Franzosen, die Eignungs- und Materialprüfungen und das schwere Jagdspringen für die Italiener. So ist es immer wieder, und so wird es auch diesmal sein.

Ein wenig horcht er aber doch auf. Die Stille oben wird von einem immer mehr anschwellenden Raunen unterbrochen. Es ist so, als ob in einer Talsperre die Flut immer höher und höher steigt und als ob sie jeden Augenblick die Dämme sprengen wollte.

Ole kommt aus dem Wärmland, und da hat er das nur allzuoft erlebt. Genauso ist es jetzt, genauso.

Das Raunen wird zum Brausen, und das ist ganz und gar unprogrammäßig, wo doch friedhofhafte Stille herrschen müßte.

Der Alte und der Rotkopf sehen sich fragend an.

Irgend etwas ... Irgend etwas ganz Ungewöhnliches muß da vor sich gehen.

Ein Sturz?

Nein, Ole kennt auch die Lautkulisse bei einem schlimmen Sturz. Das ist ein jäher Entsetzensschrei aus ein paar Mündern, dann ein dumpfes Mahlen aufspringender Füße, das sind Stimmengewirr und helle, aufgeregte Rufe.

Das ist hier anders.

Ole ertappt sich dabei, daß sein altes Sportlerherz doch wieder heftiger zu schlagen beginnt. Er will gerade zur Tür stolpern, da wird sie aufgerissen, und ein Funktionär mit verrutschter weißer Binde und einem völlig zerdrückten Programmheft in der Hand kommt hereingekeucht.

„Ole ... Die Flagge ... Die deutsche Flagge!"

Die beiden andern reißen den Mund auf.

„Mann, Ole! Begreif doch, die deutsche Flagge! Wir müssen doch irgendwo eine deutsche Flagge haben ..."

Ole steht da und begreift nicht. Was hat die deutsche Flagge mit dem Geschehen da oben zu tun?

Da läßt ihn der andere einfach stehen, schlägt mit hochrotem Kopf die Kiste auf und taucht tief hinein. Die andern Fahnentücher, die Ole sorgfältig und gewissenhaft auf ihr ausgebreitet hat, rutschen zur Erde.

Das Rauschen unterdrückter Stimmen nimmt über ihnen immer mehr und mehr zu. Ganz langsam dämmert Ole die Wahrheit. Richtig, da hatte doch ein Deutscher gemeldet ...

„Hat etwa ... hat etwa der Deutsche ..."

„Nein, noch nicht. Er reitet noch. Aber er siegt bestimmt, ganz bestimmt, Ole. Dieser Mann und das Pferd sind des Teufels ... So was hat man noch nicht gesehen, Ole."

Fahnentuch auf Fahnentuch fliegt aus der Kiste.

Da hat er das gesuchte, und dann hält es die drei nicht mehr im stickigen Raum, und als sich Ole endlich oben zwischen dem geballten Haufen der Platzanweiser einen Ausblick erobert, da sieht er gerade noch ein Pferd und einen Mann in ungeheurem Schwung über das letzte Hindernis gehen und im Auslauf verschwinden.

Ein fieberndes Grollen wie von einem ungeheuren Motor liegt über dem Platz, eine hektische Explosivstimmung. Das ... das war so spukhaft unwahrscheinlich, so unerwartet, mit solch unheimlicher, maschinenmäßiger Präzision hereingebrochen, daß alles in aufgeregter Ratlosigkeit schwimmt.

Zwei Herren vom Richterkollegium hasten vorüber. Ole hört etwas wie „nicht zu schlagen ... keine Fehler ... unerreichte Zeit ...", und dann zerrt er auch schon den Funktionär mit sich zum Fuß des großen Siegesmastes.

Noch ein, zwei Reiter gehen unten über den Parcours, aber keiner beachtet sie mehr. Alle Gespräche, alle Gedanken, alle Aufmerksamkeiten streifen um das Ereignis, das wie ein Wunder eingeschlagen war.

Plötzlich ist alles vorbei, und der hochrote Ole zieht feierlich und langsam die deutsche Flagge am Mast hoch.

Einmal muß er innehalten und mit dem Handrücken über Augen und Nase fahren.

„Das ... verdammt noch einmal ... das freut mich aber nun wirklich", krächzt er leise vor sich hin. Ole Krynns altes Sportsmanns-Herz ist doch noch einmal überwältigt worden.

Langsam steigt die Fahne hoch, und alle stehen bezwungen auf und grüßen sie in Achtung, diese Fahne, über die sie geglaubt hatten, nur noch spotten zu können.

Unten, hinter den Ställen, hängt ein Mann am Hals seines Pferdes, und dann ist es auf einmal Zeit, wieder aufzusteigen.

„Zur Siegerehrung, Herr von Langen!"

Kerzengerade, wie gegossen in den Sattel und den Blick an seiner Fahne, so reitet er mit nassen Augen in die Bahn.

Ein Mann allein, ein Mann, der für sein Land ritt.

Das Deutschlandlied klingt in eine Welt hinein, in deren Verachtung die letzten Minuten eine ungeheure Bresche gerissen haben.

Und plötzlich begreifen die vielen Tausende, daß hier mehr geleistet worden war und hier mehr geschehen war als ein Sieg in einem unendlich schweren sportlichen Kampf.

Da rühren sich die Hände, da schwillt das Brodeln zur hemmungslosen Begeisterung an. Sie sind gewonnen.

Der erste, der mit ausgestreckter Hand auf den Deutschen zueilt, als er aus dem Sattel steigt, ist ein französischer Offizier.

„Leutnant Baillet", stellt er sich vor. „Darf ich Ihnen die Hand geben? Ich möchte Ihnen im Namen aller meiner Kameraden, überhaupt aller Franzosen, in deren Herzen die Ritterlichkeit noch lange nicht ausgestorben ist, sagen, daß wir uns freuen. Ihr Land, Baron, darf glücklich sein, einen solchen Reiter zu besitzen."

Mit seinem ruhigen, guten Lächeln hält der von Langen diesem Ansturm stand, der so gallisch überschwenglich, so menschlich echt dabei und so herrlich kameradschaftlich ist.

„Sie kommen von der Kriegsschule Saumur, Herr Leutnant Baillet, und deshalb ist es an mir, Ihnen zu danken. Mein Dank gilt einem unbekannten Kameraden von Ihnen, denn mein bester Freund Hanko kommt aus Saumur."

„'anko?"

„Ja, mein Pferd Hanko. Er stammt aus französischem Besitz ... ein Beutepferd ... und die gute Dressurschule, die er hat, die kann ihm nur in Saumur beigebracht worden sein. Meine Erfolge mit Hanko sind also eigentlich auch Ihre und Ihrer Kameraden Erfolge, Leutnant Baillet."

Der kleine Leutnant Baillet macht große, runde Augen, würgt ein wenig und begeht dann etwas völlig Unmilitärisches. Er faßt mit beiden Händen nach der Rechten des Deutschen.

Ein paar Tage darauf wird in der Heimat die französische Equipe gefeiert. Inmitten des festlichen Lärmes geschieht es plötzlich, daß ein gewisser kleiner Leutnant Baillet aufsteht und sein Glas hebt: „Mein Kommandant! Meine Kameraden! Ich bitte Sie, auf das Wohl unseres Bezwingers in Malmö zu trinken. Der deutsche Baron ist nicht nur ein großer Reiter, er ist ein Edelmann, wie ihn nur eine ritterliche Nation hervorbringen kann!"

Keiner schließt sich aus, und dann kommen sie überein, den Freiherrn von Langen nach Saumur einzuladen.

*

So ist es in Schweden gewesen, so geschieht es in Italien, in der Schweiz, in Ungarn und in Holland.

Der Freiherr von Langen, über Nacht berühmt geworden, hält einen Siegeszug für den deutschen Sport, für das deutsche Ansehen, wie sich kaum einer triumphaler gedacht werden kann.

Er siegt, wenn er auftritt.

Meistens ist es Hanko, der treueste der Treuen, dessen Löwenherz die Siege erkämpft. Er hat jedoch inzwischen Kameraden bekommen. Goliath, Apoll und Rauhreif. Alles Pferde, die man noch nicht einmal zur Mittelklasse gerechnet hatte, die vielleicht irgendwo als Inspektors- oder Chargenpferde ein unauffälliges Dasein geführt hätten, wären sie nicht in diese gesegnete Reiterhand gekommen.

In Neapel ficht der von Langen ein schweres Duell gegen

Italiens Meisterreiter, den Grafen Bettoni, aus und der Italiener sagt später zu einem deutschen Gesandschaftsattaché:

„Ihr Landsmann, dieser Langen, der ist ein Wunder. Solch ein Reiter wird alle hundert Jahre einmal geboren, wenn überhaupt noch einmal in dieser feigen Zeit. Aber ich glaube, Ihr Herr von Langen würde sogar mit einem Schaukelpferdchen aus Holz jede Konkurrenz gewinnen, an der er sich beteiligt.“

Wo die beiden Hankos auftauchen, sie und ihre neuen Kameraden, da siegen sie, und das nicht auf dem grünen Rasen oder auf dem Torfmull der Hallenbahn allein.

So herrlich diese reiterlichen und sportlichen Triumphe sind, ungeahnt höher und bedeutsamer sind überall die moralischen Siege, die Triumphe über die Feindseligkeit fremder Massen.

Überall ist es so wie in Schweden, überall wiederholt sich der Sieg, und selbst dort wird er erfochten, wo es am wenigsten wahrscheinlich erscheint: Auf dem ersten internationalen Reitturnier nach dem Kriege in Genf.

In Genf versammelt sich nicht nur das reiterliche Publikum der Welt, hier finden sich auch aus Tradition alle jene ein, die sich an der Peripherie der kosmopolitischen Gesellschaft drängen. Sie haben Geld, aber keine Haltung, Eleganz, aber keine Vornehmheit, und verwechseln eine ausgiebige Kenntnis von Hotelvestibülen und Lobby-Tratsch mit weltweitem Geist.

Sie sind es, die mit aufgeregtem Plätschern auf dem Strom der Meinungen treiben, die sie für aktuell, für international und dernier crie halten.

Zuletzt trug man Deutschfeindlichkeit.

In Genf reitet der Freiherr von Langen geraden Weges in einen Hexenkessel der Vorurteile, des oberflächlichen Unverstandes und des bösen Willens hinein.

Doch, wie das war, wie auch dieser Sieg erfochten wurde, wie auch hier ritterlicher Mut, Adel der Haltung und Leistung die Blockade der Seelen zerschlug, das soll jemand erzählen, der mitkämpfte, der mit auf diesem verlorenen Außenposten stand und der dem Freiherrn von Langen der nächste Mensch war:

„Die Riesenhalle war überfüllt. Ein Publikum von einer Eleganz, wie man sie in Deutschland nicht mehr kannte. Alles war in größter Stimmung, und jeder Reiter wurde bereits beim Anreiten mit ganz ungeheurem Applaus begrüßt. Jeder, und wenn er noch so unbedeutend und noch so unbekannt war, und wenn er eine noch so jämmerliche Figur auf dem Pferde machte. Und dann kam endlich Hanko ...

Ich hatte gedacht, sie würden vielleicht pfeifen, aber dazu war das Publikum vielleicht zu gut erzogen. Vielleicht aber hätten sie auch alle gepfiffen, wenn einer den Anfang gemacht hätte.

So herrschte nur eisige Stille. Nicht eine Hand rührte sich. Nur irgendwo auf einer Tribüne lachte eine Frau sehr laut und ungeniert, und jemand rief auf französisch etwas in die Bahn hinunter, was aber nicht zu verstehen war.

Und dann ritten meine beiden Hankos, und man konnte deutlich merken, wie sich schon beim Angalopp eine gewisse Bewegung im Publikum bemerkbar machte.

Hätte Hanko auch nur die leiseste Nachlässigkeit im Sitz gezeigt, hätte man auch nur den kleinsten Fehler an ihm entdeckt, man hätte für ihn keine Nachsicht gezeigt.

Sie fanden aber nichts.

Hanko grüßte nach altem Turnierbrauch, und wäre dieser Gruß nur um ein Winziges ungeschickter gewesen als der aller anderen, wäre er vielleicht genau so gleichgültig und leer konventionell geblieben, sie hätten gelacht und gespottet über den tölpelhaften Deutschen.

Er aber ritt so gefaßt ein, mit einer solchen selbstverständlichen Sicherheit, und Hanko ging unter ihm so elegant und so federnd, die beiden wirkten so statuenhaft und doch so bewegt ... Die Leute konnten einfach nicht anders, sie mußten das bemerken.

Und dann ritten sie ihren Parcours, und es war so still, daß man eine Stecknadel hätte fallen hören. Ich glaube, diese Menschenmassen waren regelrecht erschrocken. Sie hatten sich das sicher so ganz anders gedacht.

Bestimmt, sie waren einfach erschrocken, daß sie jählings gezwungen waren, umzulernen, daß sie eine falsche Vorstellung radikal umwerfen mußten.

Hanko beendete seinen Ritt, und die Uhr zeigte die beste Zeit bei keinem Fehler. Dabei war der Ritt so elegant, so flüssig, daß die ganze ungeheure Anstrengung wie ein elegantes, graziöses Spiel gewirkt hatte.

Hanko ritt hinaus. Genauso ruhig und aufrecht, wie er hereingekommen war.

Und noch immer war es still, ganz still.

Da, plötzlich, begann hoch oben auf der Galerie jemand zu klatschen. Ein einziger Mensch nur, aber er klatschte selbstvergessen und hingerissen.

Dann waren es auf einmal zwei, dann drei und auf einmal ... auf einmal applaudierte das ganze Riesenhaus, und als Hanko nachher zur Preisverteilung einritt, da konnten sie sich nicht halten vor Enthusiasmus.

Und so ist es dann geblieben, wo Hanko auch hinkam.

Ich weiß noch, wie in Rom das ganze Stadion im Takt raste:

„Evviva 'anko ... evviva 'anko!"

Sie nannten ihn jetzt schon alle Hanko. Und dann brachten sie die gleichen Hochs auf Hanko, das Pferd aus.

„Evviva il cavallo 'anko ... evviva il cavallo 'anko!"

*

Eine Reiterlaufbahn hatte begonnen, wie es keine zweite in der Welt gab. Sieg kam zu Sieg und — das ist das Erstaunlichste — auf allen Gebieten der Reitkunst.

Carl-Friedrich von Langen ritt alles, beherrschte alles, von der Dressurprüfung bis zum schweren Jagdspringen.

Und noch erstaunlicher: Jeder seiner Siege wurde auf Pferden erstritten, die alles andere als unbezahlbare Wunderpferde waren. Tiere, die in seiner Hand zu Leistungen aufstiegen, denen die Züchter und Fachleute nur noch mit Kopfschütteln begegnen konnten.

In Pinerolo schlägt dieser deutsche Reiter, er ganz allein, in dem großen „Staatspreis für italienische Offiziere" die gesamte italienische Reiter-Elite aus dem Felde. In Schweden gewinnt er an einem Tage kurz hintereinander auf einem Pferd — es ist Goliath — erst die schwere Dressur und dann das schwere Springen. Eine Leistung, die noch nie erreicht wurde und wohl auch kaum jemals wieder erreicht werden wird. In Holland gewinnt der Freiherr von Langen einmal von sieben ausgeschriebenen schweren Springen alle sieben, wobei er sich nur beim letzten mit dem Prinzen Friedrich-Sigismund in den ersten Preis teilt.

Er siegt in Ungarn, er siegt, wo er reitet. Als einziger gewinnt er dreimal das deutsche Springderby. Etwas, was ebenfalls kaum jemals wiederholt werden wird.

Er, der Sieche, dessen Zukunft nach Ansicht der Ärzte nur im

Rollstuhl lag, er ist der größte Sportsmann und Reiter seiner Zeit geworden.

„Wie machen Sie das nur, Langen? Wo ist Ihr Geheimnis?" wird er einmal in Ungarn gefragt.

Der Deutsche gibt als Antwort zuerst sein strahlendes Jungenlachen und dann einen Satz, der einmal durch sämtliche Reitlehren der Welt marschieren wird:

„Das ist gar kein Geheimnis. Das ist sogar furchtbar einfach. Ich liebe meine Pferde und zeige es ihnen, und sie lieben mich und zeigen es mir. Das ist alles."

Gewiß, das ist alles, aber das ist so ungeheuer viel, daß es nur ganz wenig Auserlesenen, vielleicht nur alle hundert Jahre einem gelingt. Nur ein unendlich gütiger, allem Häßlichen und Kleinen sternenweit entfernter Mensch, nur solch einer kann solch ein Reiter werden.

Wie heißt es in der unvergleichlichen „Reitvorschrift für eine Geliebte" von Rudolf G. Binding:

„Nimm Dich in acht: das Pferd errät Dich, Dich und Deine geheimsten Gedanken ...

Wenn Du ihm nicht vertraust, wird es Dir nicht trauen; wenn Du schwankend wirst, wird es eigene Wege gehen.

Wenn Du erschrickst, wird es erschrecken; aber es wird mutig und guter Dinge sein, wenn Du mutig und guter Dinge bist.

Wenn Du unstet bist, ist es unstet; wenn Du ohne Schwung bist, wird es schwunglos sein.

Wenn Du fliegen möchtest, wird es fliegen: kaum daß die Hufe die Erde zu berühren scheinen.

Ein schwebendes Gebilde aus lebendigem Stahl scheint Dich zu tragen. Läßt Du Dich aber zur Erde ziehen im Geist und im Wollen, so kriecht ein müder Wurm unter Dir im Staube.

Dein Pferd weiß um Dich!

Wer die Erde verachtet, wer die Ferne nicht liebt, wer kleinlich und pedantisch ist, wer Winkelzüge macht, wer unklaren Geistes ist, wer zweifelt, wer verneint, reitet schlecht.

Wer geradeaus will, wer das Leben sucht, wer die Ferne liebt, wer Gebieter ist und zumeist Gebieter seiner selbst, wer gefaßt ist und in sich gesammelt, wer sich vertraut und klaren Geistes ist, mag gut reiten.

Reiten ist ein unaufhörliches Ja sagen . . ."

Das ist das Konzept eines Dichters vom Reiten. Carl-Friedrich von Langen hat es verwirklicht.

Kein Zufall, daß des Dichters Rudolf G. Binding „Reitvorschrift" fast um die gleiche Stunde den Literaturpreis der Olympiade 1928 erhält, um die der Freiherr von Langen in bitterem Kampf im Stadionrund die höchste Ehre gewinnt, die bis dahin einem deutschen Reiter zuteil wurde: Olympiasieger.

*

Amsterdam 1928!

Die neunten Olympischen Spiele gehen ihrem Ende zu. Deutschland hat nicht schlecht, Deutschland hat aber auch nicht gut abgeschnitten, und jetzt stehen nur noch die großen Reiterkämpfe aus.

Niemand nimmt an, daß Deutschland hier noch Aussichten hat.

Gewiß, ein Langen ist in der deutschen Mannschaft, aber schon die Vorprüfungen haben die erdrückende Fülle des französischen Pferdematerials gezeigt.

Zu einem guten, ehrlichen Platz wird es reichen. Vielleicht zu einer Bronzemedaille.

„Schade eigentlich", sagte ein amerikanischer Reporter und stellt für Augenblicke die Arbeit am Fernschreiber ein. „Schade, daß die großartigsten Kämpfe so matt vorübergehen. Ein packendes Duell, ein gutes Finish, was wäre das für eine Sache, gerade jetzt, wo doch die ganze Welt Zuschauer ist. Schade ..."

Er blinzelt noch einmal gelangweilt in das Riesenrund des Stadions mit seiner Girlande aus vierzigtausend hochgereckten Menschenköpfen und beginnt dann zu schreiben:

„Kabelgespräch an Associated-Press, Philadelphia. stop. Frankreich führt in der reiterlichen Hauptkonkurrenz. Olympische Dressurprüfung ihnen nicht zu nehmen. Stabskapitän Linon auf irischem Vollblut 236 Punkte. stop. Bis jetzt olympischer Rekord. stop. Dahinter Schweden. Änderung des Ergebnisses nicht wahrscheinlich. stop. Endresultat gegen elf Uhr vormittags MEZ."

Neben ihm rasselt der englische Vertreter seinen Bericht herunter. Jeder Vorgang auf dem grünen Rasen setzt sich auf seiner Remington in Sekundenschnelle in schwarz-weiße Erinnerung um. Auch er sieht mißvergnügt aus.

„Recht haben Sie, Gibbons. Das ist eine verdammte Schande von sogenannter olympischer Ehrlichkeit. So etwas nennt sich nun fair play!"

„Sooo ... Warum kein fair play?"

„Sie haben es selbst gesagt, Gibbons. Weil gegen das französische Pferdematerial nicht anzukommen ist. Und warum ist dagegen nicht anzukommen?"

Gibbons gähnt und schaltet mit einer gelangweilten Handbewegung seinen transportablen Fernschreiber aus. „Weil sie eben die fleißigsten und besten Züchter sind. Ein ganz ehrlicher Verdienst, nur sportlich nicht sehr interessant für uns."

Der Engländer wirft ihm einen Blick zu, in dem sich Spott und leichte Bitterkeit seltsam mischen.

„Sie sind ein echter Yankee, Gibbons. Verdammt nüchtern, schrecklich real und verdammt kurzsichtig dabei. Haben Sie schon was vom Versailler Vertrag gehört?“

„Rubbish! Was hat das ...“

„Das hat sehr viel mit dem zu tun, was wir gerade vor Augen haben, Gibbons. Wissen Sie, daß Deutschland seine besten Zuchtstuten, Fohlen und Deckhengste restlos ausliefern mußte? Wissen Sie, daß die deutsche Pferdezucht ganz von vorne beginnen mußte? Wissen Sie, daß also die Deutschen hier ungeheuer benachteiligt sind gegen all die andern Nationen? Nein, das wissen Sie natürlich nicht.“

Gibbons von A. P. hat das wirklich nicht gewußt. Er ist verblüfft und gefesselt.

Keine schlechte Sache das, grübelt er. Das gäbe eine gute Story. Versailles erschlägt Olympiakandidaten oder so! Wirklich gute Sache. Es wird noch ein bißchen „human interest“, ein wenig „feature“ hinzugelogen, und das ganze schlägt ein wie eine Bombe. Aber ... Hell, das geht ja nicht. Das sieht ja so aus, als ob man gegen Versailles ... Schade!“

„Gehen wir“, sagt er zu dem Engländer.

„All right, aber erst möchte ich noch Langen sehen.“

„Ach, der berühmte deutsche Baron mit seinem Hanko? Wird auch nichts ändern können.“

„Kaum. Linons Wallach ist ein Wunder, und 236 Punkte sind unmöglich einzuholen. Aber Langen ...“

Mit einem krächzenden Sirenenton heischt der Lautsprecher Aufmerksamkeit.

„Es ... reitet ... für Deutschland: Freiher ... von Langen — auf ... Draufgänger ...“

Dreimal wiederholt es die metallische, unpersönliche Stimme. Vierzigtausend Menschen erheben sich leicht auf ihren Sitzen.

„What did he say?“

„Langen reitet jetzt. Vielleicht ...“

Da kommt der Deutsche in die Bahn. Der Augenblick, der die größte Überraschung der neunten Olympischen Spiele bringen soll, ist angebrochen.

Erst viel später hat sich herausgestellt, welch eine ungeahnte Bedeutung dieser Ritt des Freiherrn von Langen haben soll. Erst später meldete sich der großartige Nachhall in der Welt. Hier aber ist ein zeitgenössischer Bericht, geschrieben unmittelbar aus dem Geschehen heraus, entstanden, als um diesen Reiter noch nicht der Schimmer einer fast legendären Gestalt war.

„Lautlose Stille herrschte, als der deutsche Champion auf dem wunderbar edlen Hannoveraner zum Kampfplatz ritt. Herrlich war das Bild, das Reiter und Pferd boten. Unsere Reichswehroffiziere dürfen den Ruhm für sich in Anspruch nehmen, daß sie unter diesen aus 20 Armeen kommenden Teilnehmern durch den Schneid und die Exaktheit ihrer Ehrenbezeugung vor der Fürstenloge und der Richtertribüne auf das angenehmste in Erscheinung traten. Herr von Langen aber machte von sämtlichen Dressurreitern — und es waren genug berühmte Namen unter ihnen — die beste Figur im Sattel. Er hat mit eiserner Energie viele Jahre lang an seiner Vervollkommnung gearbeitet — und wie man gerade bei den Vergleichsmöglichkeiten dieses olympischen Wettbewerbes feststellen konnte, mit unverkennbarem Erfolg. In jeder Gangart, in jeder Bewegung, selbst bei den schwierigsten Figuren ist der Anblick Langens in Sitz und

Haltung stets ein ästhetischer Genuß. Wenn ich recht beobachtet habe, war Draufgängers Reiter der einzige — sicher aber so ziemlich der einzige —, der immer den Kopf hoch und den Blick geradeaus gerichtet hatte. Bei allen andern Herren konnte man sehr oft gesenkte Häupter und ängstliche, auf das Beinwerk ihrer Pferde geheftete Augen sehen.

Freiherr von Langens Vorführung des finessenreichen olympischen Dressurprogramms besitzt zudem die diesem feinfühligen und intelligenten Künstler eigene Note. Die weitaus große Mehrheit der Konkurrenten — auch die beiden andern deutschen Reiter sind von diesem Vorwurf nicht ganz freizusprechen — schnurrten die zwanzig doch so vielseitigen Lektionen ohne irgendwelche Steigerungen fast monoton herunter. Langen aber gab dem Inhalt seiner Aufgabe persönliches Leben und Gestaltung. Die Wirkung konnte nicht ausbleiben. Hier genau so wenig wie bei dem Vortrag eines Gedichts, der eintönig sein kann oder voll Schwung und Begeisterung. Als das Paar dann am Schluß salutierend vor der Jury hielt, brachen Begeisterungsstürme los. Das war mehr als ein Eindruck gewesen. Es war ein Erlebnis!

Lange vor der Bekanntgabe der Wertungsergebnisse sickerte es durch, daß Deutschlands bester Reiter die Olympia-Dressurprüfung gewonnen habe. Freude, ehrliche, herzliche Freude quoll auf.

Noch aber fehlte die amtliche Bestätigung. Sie kam! Eine halbe Stunde, nachdem der letzte der 34 Bewerber den grünen Rasen verlassen hatte, waren die Zähl- und Additionsmaschinen mit ihrer Arbeit fertig. 237,42 Punkte für Draufgänger! Das hieß Sieg! Sieg Langens in der reitsportlich wertvollsten Konkurrenz! Man stürzt an den Fernsprecher. Alle, alle daheim sollen keinen Moment auf die Kunde von diesem ganz großen Erfolg warten. Und als man zurückkommt, hat sich der Erfolg verdoppelt. Die Gesamtpunktzahl unserer drei — oder besser sechs — der drei Reitersleute Langen, Linkenbach, Lotzbeck und ihrer Pferde Draufgänger, Gimpel, Caracalla — ergab eine Summe, die Deutschlands Terzett an die Spitze der Nationen stellte. Zwei goldene Medaillen! Zu all den übrigen! Auf einem Gebiet errungen, auf dem wir es nicht erwarten, sondern nur erwünschen konnten.

Und dem glückstrahlenden Langen, diesem prächtigen, bescheidenen Menschen rasch noch die Hand geschüttelt . . ."

Das ist Hans Gaettens deutscher Bericht. Ein erster englischer beginnt:

„Nach diesem Ritt von Langen ist mir klar geworden, warum die Reiterkämpfe mehr als alle anderen Sportereignisse die Massen in ihren Bann ziehen. Menschen, von denen man eigentlich annehmen sollte, daß sie dem Pferd und dem Reiten absolut fremd gegenüberstehen.

Sie tun es auch. Wenn vierzigtausend Menschen mit leuchtenden Augen auf den grünen Rasen starren, so sind höchstens zwei- oder dreitausend davon selbst Reiter. Die andern haben nie im Sattel gesessen.

Immer war mir das rätselhaft, woher die ungeheure Suggestivkraft stammen mag. Jetzt, nachdem ich diesen deutschen Reiter bei seinem Siege gesehen habe, jetzt weiß ich es.

Es ist einfach so, daß von drei Seiten her das Empfinden der Menschen in stählerne Klammern genommen wird. Es wird ihr kämpferischer Instinkt entzündet, dazu die Sensationsgier. Unbewußt trinkt sich aber auch zur gleichen Zeit ihr Schönheitsdurst satt, denn Pferd und Mensch im edlen Rhythmus, zusammengeschmolzen im gleichen Willen und Ziel, sind ein ästhetischer Eindruck von beispielloser Wucht. Der dritte Faktor aber ist ein Einbruch in die Tiefen der Seele. Es ist das instinktive Entzücken, die unausgesprochene Freude an der Übereinstimmung zwischen Tier und Mensch, es ist die tiefe Befriedigung der Liebe zur Kreatur, die der Schöpfer in uns hineingelegt hat.

Alles das wird klar, wenn man diesen Deutschen reiten sieht."

*

Nirgends, in der ganzen Welt nicht, eine Stimme des Neides. Nirgends ein Versuch, die Leistung zu schmälern, zu mindern. Wunderbar erfüllt sich der tiefe geistige Gehalt der Olympischen Spiele: daß Meister und Könner Freundschaft säen zwischen den Völkern.

In Saumur aber sprechen die französischen Reiteroffiziere schon lange nicht mehr von den „kuriosen Deutschen". Wenn sie mit Achtung und Bewunderung von ihren deutschen Gegnern reden, dann haben sie einen neuen Titel für sie gefunden: Die Hankos.

Und das ist vielleicht der schönste Sieg des Freiherrn von Langen, von dem Linon in einem Interview den heimischen Pressevertretern erzählt, daß „er der beste und ritterlichste Kamerad ist, den man sich denken kann".

Nein, diese Blätter sind keine Biographie des Reiters und Menschen Carl-Friedrich von Langen.

Sie sind nicht einmal die knappe Chronik eines herrlich geschlossenen Lebens, denn niemals wird eine Feder imstande sein, den überwältigenden Reichtum eines restlos erfüllten Mannesdaseins zu erschöpfen.

Kleine Farbtupfen von der Palette wesentlicher Lebensstationen mögen ein Menschenbildnis schaffen, von dem zu sagen ist:

So leben dürfen und so sterben können!

Nichts ist unwesentlich in diesem Bild, das so ganz im Rahmen eines Wortes steht:

„Eine Sache um ihrer selbst willen tun."

Tiefe Gläubigkeit an den Sinn des Lebens heißt das, fromme Ehrfurcht vor allem, was schön und erhaben ist, weil es zum Gehalt dieses Daseins gehört, Dienst an allem Edlen, weil selbst das kleinste Tun in diesem Dienst zum großen Ziel der Schöpfung führen muß.

Könnt Ihr Euch vorstellen, daß dieser Reiter und Kämpfer Langen in manchem kühnen Ritt sein Leben einsetzt, unbekümmert lachend durch die dramatisch gefährlichen Gefilde des Daseins schweift und dann wenige Minuten darauf in zärtlich versunkener Verzückung vor einer alten Fayence sitzt? Kann man glauben, daß dieser Mensch, geboren für den Sattel und für den männlichen Kampf, voll schwärmerischer Liebe altes, zierliches Porzellan sammelt? Daß er Stunde um Stunde vor einer hauchzarten Barocktasse aus Nîmes zu sitzen versteht und dann in einer Traumwelt von verschollenem Duft und längst verhalltem, sehnsüchtigem Klingen lebt?

Ist es wirklich denkbar, daß kristallharter Wille, eine Energie ohne Begrenzung sich so eng zu vereinen vermögen mit einem träumenden Herzen und zärtlicher Empfindsamkeit?

O ja, es ist möglich bei einem Menschen, bei dem alles stark und ungehemmt aus den Urgründen seines Wesens quillt.

Eine Sache um ihrer selbst willen tun!

Immer völlig gefangen sein von dem, was zu tun ist. Immer

mit ganzem Sein dem hingegeben, was nach den Gesetzen des eigenen Charakters das Leben heranträgt.

Reich sein heißt das, begnadet sein und beglücken können aus der unsichtbaren Lebens- und Kraftfülle, die solche Menschen spürbar umgibt.

Mit Händen und Zähnen muß in den bitteren deutschen Notjahren der Freiherr von Langen um seine Ehre kämpfen. Tausend sich still und selbstverständlich auferlegte Entbehrungen äußerer Dinge füllen die Tage, viele Häßlichkeiten des Kampfes mit dem Alltag, aber niemals wird der Schwung dieser Männerseele kürzer, wird der Mut müde und das Herz lahm.

„Mimusch, wir haben kein Geld. Aber ich bin gerade so voll Musik, Mimusch. Ein Menuett ... eine Gavotte, Mimusch ...“

Ja, was macht man denn da?

Man faßt sich bei der Hand und stürmt, zwei selige Kinder, hinauf unter das Dach des alten Hauses, kramt in den Truhen mit dem wunderbaren Duft aus Staub und längst verwelkten festlichen Blumen, und dann findet sich wohl auch etwas an alten Kostümen, was zu der unhörbar schwingenden Melodie paßt.

„Eine Gavotte, Mimusch, ein Menuett vielleicht ...“

Draußen leuchtet der Rasen und dehnen sich die verschlafenen Boskette in der letzten Wärme des vergehenden Sommertages. Die weißen Marmorputten, die schon einer der ersten Langens in ihren grünen Rahmen gesetzt hat, dehnen sich unter rosigen Reflexen wie schmeichelnde Kätzchen.

Stille, freundliche Wolken am Himmel, der noch das Lächeln des reifen Sommertages hält, dünnes, silbriges Glockengeläut aus dem fernen Kirchdorf.

„Zu Pferde, Madame!“

„Wie monsieur le baron es wünschen."

Pas de deux zu Pferde. Zwei Menschen ganz für sich, selig versunken in ihrer Welt, die nur ihnen beiden, ihnen ganz allein gehört.

„... ein Sich-Begegnen und ein Sich-Erwählen,
ein Abschiednehmen und ein Wiederfinden,
ein Glanzgenießen und ein Lichterblenden
und ein Sich-Wiegen in den Sommerwinden ...
Aus dunklem Wein und tausend Rosen
rinnt die Stunde rauschend in den Traum der Nacht ..."

„Galoppwechsel, gnädigste Frau!"

„Zu Diensten, mon chevalier!"

Die Hufe trippeln zierlichen Takt, die Pferdehälse nicken und beugen sich, und voll bis zum ersten Abendstern ist die Welt von einer Musik, die nur zwei Menschen hören.

*

Und zog seine Straße fröhlich ...

Auch das ist Kämpfertum: den Alltag zu besiegen und ihn in grauer Stunde zum Feste zu wandeln.

So vergehen die Tage, und keine Sorge ist stark genug, daß sie über den unsichtbaren Wall zu steigen vermöchte, den sich zwei Herzen bauen. An einem Morgen bringt das kleine Wollknäuel von Hund, das genauso mit in diese glückliche Familie

gehört wie die Pferde und die blauen Tauben unter dem Dachrand und für das der Freiherr von Langen täglich einige Dutzend Namen erfindet, dem Frauchen einen Brief.

Das ist ein Umschlag aus grauem, hartem Papier, wie er in der Gutskanzlei gebraucht wird, und darauf steht nichts als:

„Mimusch, ich hab dich lieb."

Es ist auch etwas drin in dem Umschlag, und das ist ein wunderschön gelungenes Foto von dem letzten traumseligen Nachmittag aus dem zurückgezauberten Rokoko.

Dieser Hanko wäre doch nicht der große herrliche Junge, der er ist, wenn er nicht verstanden hätte, die kleine Kamera mit dem Selbstauslöser zwischen die Füße einer Putte zu schmuggeln.

„Ach Hanko . . ."

Hanko sitzt in der Kanzlei zwischen Rechnungen und Frachtbriefen, Lohnsteuerlisten und Zuchttabellen und hat sich fünf Minuten Zeit genommen für das Büchelchen, das er allen jungen deutschen Reitern mit auf den Weg geben will.

So schreibt er in seiner eigenwilligen und so geraden und klaren Schrift:

„Reiter sein heißt, Selbstzucht üben und Achtung vor der Kreatur haben.

Es ist unsportlich, vom Pferd zu viel, vom Reiter zu wenig zu verlangen.

Dein Pferd erinnert sich an eine Strafe hundertmal länger als an ein Lob. Deshalb mußt Du sehr viel loben und versuchen, ohne Strafe auszukommen.

Betrachte Dein Pferd nach dem Absitzen und versuche zu ergründen, wie es über Deine Reitkunst denkt. Klopfe ihm auf jeden Fall den Hals, auch wenn Du glaubst, ihm diesmal nicht weh getan zu haben.

Güte und Willenskraft sind Voraussetzungen für jeden Reiter."

Unhörbar ist Mimusch eingetreten.

„Was machst du denn da, Hanko?"

„Ach, weißt du, ich soll da solch ein kleines Büchelchen verfassen, und da schreibe ich mir schon immer die Gedanken auf, die vielleicht für junge Reiter wichtig sind."

„Ja! Es ist gut, daß du an junge Reiter denkst, Hanko."

„Hm . . ."

„Aber weißt du, Hanko, ich glaube, du mußt auch langsam an ein Pony denken. Wenn wir dann zu dritt . . ."

Die Leitsätze für künftige junge Reiter flattern zur Erde, ein Stuhl taumelt.

„Ach, Mimusch . . ."

*

Es gibt nichts Zufälliges in diesem Mannesdasein, das niemals den eigenen Wünschen gehört, das immer über die Grenzen des Ich hinaus sich zum Dienen, zu einer Aufgabe weitet.

Das Gesetz, unter dem er angetreten, bleibt weiter über dem Scheitel dieses Reiters. Keine Abweichung, keine Schnörkel hat die Linie, die das Schicksal diesem Manne zugedacht hat. Alles fügt sich in großartiger Geschlossenheit zu einem Mannesleben, das Tragik und Größe, Triumph und Selbstentäußerung umwittern.

Es kommen noch viele Reitersiege, Triumphe und böse Stürze. Alles quittiert der Reiter Langen, dieser Mann und herrliche

Junge, mit dem Lachen des Starken. Unbeirrt, ohne selbst die fügungshafte Gesetzmäßigkeit zu ahnen, geht er seinen Weg.

Es kann gar nicht anders sein. Es muß einfach so geschehen, daß eines Tages dieser Freiherr von Langen den roten Rock des Herrenreiters auszieht.

Ungezwungen tritt einer ab von der glanzvollen Bühne kämpferischen Daseins. Im Jahre 1930 scheint nach einer Reiterkarriere von beispielloser Größe der Olympiasieger zum letztenmal im Turniersattel gesessen zu haben.

Der Reiter Hanko geht still aus den Kulissen seiner bisherigen Welt.

Das ist etwas Endgültiges, ist der Anfang von Neuem und fügt sich doch nur sinnvoll ein in den Ablauf dieses Lebens.

Der Garde-Ulan und Rittmeister, der Olympiasieger und Liebling der Massen, der Mann, den man den größten Reiter seiner Zeit genannt hat, der marschiert jetzt Seite an Seite mit den Söhnen seiner Kätner durch das Land.

Es ist nichts Größeres für ihn und nichts Geringeres als die Reiterkämpfe in den Nachkriegsjahren. Es ist genau das gleiche.

Ohne Geste geschieht es, ohne Pathos. Genauso wie er siegte, und wie er zum letztenmal reiten und dann sterben soll; zukunftsfroh lachend.

Was trieb ihn auf einen Weg, der in tragischer und dramatischer Zielstrebigkeit zum Ende und zur Vollendung seines Lebens führen sollte?

Auf diese Frage gibt es nur eine Antwort: Er glaubte an eine deutsche Erneuerung.

Für Langen und seinen Sichtbereich bedeutet das ausschließlich: Er glaubte an eine deutsche Gemeinschaft ohne Klassen.

Er selbst, der Weltbürger war, ohne sich als solcher zu plakatieren, sondern der es ganz selbstverständlich durch sein Leben und seine natürlichen Bindungen und Verwurzelungen war, hat es verschiedentlich ausgedrückt, daß man wesentlich und wesenhaft sein muß, wenn man ein echter Bestandteil eines größeren Ganzen werden will. Wer nicht zunächst im besten Sinne Sohn seines eigenen Landes ist, der wird zu blaß und kraftlos sein, um im Kreise der Fremden Achtung zu finden. Und ohne Achtung wiederum gibt es keine Gemeinschaft.

Dies war der einfache Glaubenssatz des Reiters Carl Friedrich von Langen, und unzählige Male — lange vor 1933 — träumte er von einem Staat, der eine ritterliche deutsche Jugend erziehen würde. Eine Jugend, die durch ihr Wesen und ihre Leistung in der Welt Achtung und damit einen natürlichen Platz finden würde.

Carl Friedrich von Langen war zu gescheit und zu gebildet, um nicht zu wissen, daß auf vielen verschiedenen Wegen zu diesem Ziel vorgestoßen werden mußte, und daß die reiterliche Erziehung nur einer dieser Wege sein konnte. Er wäre aber eben nicht der größte Reiter seiner Zeit gewesen, wenn er nicht ungebärdigen Herzens diesen einen Weg als nächstliegenden gesucht hätte.

So wurde er durch die Zeitverhältnisse in die Funktion des Reitlehrers gedrängt, und gerade das war es, was er wollte, denn er glaubte an diese neue Zeit so, wie er sie sah, und wie sie sich zunächst auch für viele andere darstellte. Er glaubte jedoch nicht an das, was dieses Regime, das seine eigene Gedankenwelt verriet, schließlich daraus machte.

So kam es, daß Carl Friedrich von Langen es verbissen und trotzig ablehnte, ein Parteigenosse zu werden.

Die Demonstration wurde verstanden.

Was Carl Friedrich von Langen an Vollmachten und Führungsbefugnissen in der Hand hatte, wurde ihm genommen. Man konnte ihn nicht gänzlich abhalftern, beileibe nicht. Sein Name und seine Gestalt waren zu diesem Zeitpunkt viel zu wichtig für die Propaganda-Vitrine. Man half sich so, wie man es in gleicher eleganter Praktik schon in vielen anderen Fällen getan hatte, und wie es späterhin in meisterlicher Technik einschließlich Staatsbegräbnis zur Vollendung gebracht wurde: Man gab dem Mann einen Titel und nahm ihm das Amt.

So wurde Carl Friedrich von Langen Chef-Reiterführer mit dem Recht oder besser gesagt der Pflicht, bei feierlichen und offiziellen Anlässen in irgendeinem Gefolge mitzureiten.

Carl Friedrich von Langen aber blieb gläubig.

Und deshalb mußte er sterben.

*

„Wann reitest du wieder, Hanko?" hatten unzählige Stimmen von drinnen und draußen die letzten Jahre hindurch gefragt, und immer wieder war die Antwort gewesen:

„Wenn es notwendig ist."

Hat Carl-Friedrich von Langen an dieses Wort gedacht, als er zum 25. Juli 1934 seine Meldung abgab?

Der 25. Juli! Tag der vorolympischen Military. Tag einer Zerreißprobe für Mensch und Pferd, wie es keine zweite gibt. Nur das Beste, das Allerbeste hat Aussicht, hier zu bestehen. Nur die stählernsten Nerven und das mutigste Herz dürfen sich heranwagen an diese Aufgabe, die so simpel und harmlos „Military" heißt.

Hergabe des Letzten, was Pferd und Mensch in sich haben, blanker, tollkühner Mut, Verachtung schlimmster Gefahr und Aussicht auf zerbrochene Gesundheit, das alles steckt hinter dem Wort Military.

Wer ihre Aufgabe nicht meistert, wer die eisern festen Hindernisse nicht nimmt und mit dem Wissen geschulter Kraft und vollendeter Vorbereitung an sie herangeht, für den gibt es eigentlich nur die eine Hoffnung: Nicht allzu schlimm verletzt zu werden.

Military, das heißt seit Anbeginn dieses international geprägten Kampfbegriffes immer wieder das gleiche: Daß von vielen Reitern, die starten, immer nur einige zum Ziel kommen. Und oft genug haben die Finger einer Hand gereicht, die zu zählen, die es überstanden hatten.

Der einzige Zivilist, der zu diesem Tag der Military am 25. Juli 1934 antritt, der einzige unter den in vielen internationalen Kämpfen bewährten Military-Reitern, ist Carl-Friedrich von Langen.

Es gibt nur einen, der diesen Ritt nicht für eine ungeheuerliche Sinnlosigkeit hält, für ein Trotzen gegen unmögliche Odds, und das ist Langen selbst.

„Wollen Sie wirklich reiten? Wollen Sie das wirklich auf sich nehmen? Warum denn nur?“ fragt am Vorabend des Kampfes der Springreiter Axel Holst, der wenige Jahre später ebenfalls den Reitertod erleiden soll.

Es ist keine verwunderliche Frage, aber es scheint, als stünde hinter dem sachlichen Grund dieser Worte noch etwas anderes: Die tiefe Besorgnis, ja, schon die Furcht, daß hinter einem nicht zu begreifenden Entschluß eine rätselvoll beklemmende Absicht steht.

Nur die besten Pferde, nur das Erlesenste, was deutsche Zucht hergeben kann, hat Aussicht, vor dieser Aufgabe zu bestehen. Der Freiherr von Langen aber reitet einen unbekannten Hannoveraner. Ein Pferd, dem die Mittelmäßigkeit auf tausend Meter anzusehen ist. Ein Tier, das er außerdem noch keine hundert Tage in Besitz hat.

„Das ist doch eine Herausforderung des Schicksals, Langen, mit diesem Pferd in der Military zu starten. Warum tun Sie dies bloß?"

Ein Schulterzucken.

„Dann nehmen Sie doch lieber den dreißigjährigen Hanko."

Jetzt lacht der von Langen:

„Hanko wäre schön beleidigt, wenn er für sein Gnadenbrot noch einmal arbeiten soll. Er hat jetzt eine andere Beschäftigung. Er sucht jedes Jahr aus der Koppel ein Fohlen aus und lehrt es an. Zu Dummheiten natürlich. Mein guter alter Hanko ... Sie werden es ja nicht glauben, Holst, aber ..."

Jetzt ist Langen bei seinem Hanko, und zwei lebende Wesen gibt es, über die er, schweigsam und zurückhaltend sonst in Dingen des Gefühls, ununterbrochen sprechen kann: Mimusch und Hanko.

Holst aber spürt das Ausweichen und bohrt weiter.

„Warum denn nur, Langen. Es ist doch gar kein Sinn darin. Sie riskieren Ihr Leben ohne Chancen, denn gegen die Pferde der Reitschule mit ihrem Spezialtraining ... Das müssen Sie doch zugeben, Langen, ein Pferd wie Ihre Irene kann doch da unmöglich mit ..."

Und jetzt geschieht etwas Ungewöhnliches. Hanko von Langen braust auf. Er, der in allen Dingen, die ihn selbst angehen, so schweigsam und verhüllt seinen Weg geht, zieht jählings einen

Schleier fort. Für Sekunden nur, aber sie lassen erkennen, daß dieser Ritt für ihn eine seltsam schwerwiegende Bedeutung hat.

Ist die Begründung, die er jetzt in erregten Worten gibt, wirklich auch die Erklärung für seine unbegreifliche Handlung? Ist sie glaubhaft und stichhaltig, oder ist sie nur die Verkleidung eines gefühlsmäßigen Antriebes, der sich nicht erkennen lassen will und darf?

„Warum ich reite, Holst? Weil ich euch allen zeigen will, daß ihr euch verrannt habt! Weil ich euch beweisen will, daß nicht das Pferd, sondern der Reiter siegt. Weil ihr alle begreifen lernen müßt, daß es nicht auf die Luxuspferde für zwanzigtausend Mark ankommt, sondern auf das Herz und den Kopf des Reiters ...

Ich will reiten, damit man erkennt, daß die Hingabe des Reiters an die Sache und an sein Pferd das Entscheidende ist, und daß man endlich anfängt, Reiter heranzuziehen, statt unbezahlbare Pferde zu züchten oder ringsum in der Welt zusammenzukaufen ...

Man soll sehen, was ein anständiger Reiter auch auf einem mittelmäßigen Pferd leisten kann. Wenn wir das nicht rechtzeitig begreifen, verstopfen wir ja selbst unserem Nachwuchs alle Wege, und wie es dann auf der Olympiade für uns aussehen mag ... Deshalb starte ich auch in dieser schwersten Prüfung, die es gibt. Begreifen Sie das, Holst?“

Wenn man es will, mag man diese Gründe glauben. Sie klingen einleuchtend genug, aber für den, der Carl-Friedrich von Langen kennt, wirken sie fast zu sachlich.

Man mag diese Erklärung hinnehmen, denn sie ist die von dem toten Reiter Langen selbst gegebene. Alles andere, was aus dem Wissen um das Kommende, aus der Rückschau und Übersicht des weiten Abstandes geboren wird, muß Vermutung bleiben.

Axel Holst jedoch, das scheint gewiß, hat sie in jener ahnungsvollen Stunde nicht geglaubt.

*

Grau, mit schwer hängenden Wolken, in denen rötliche Lichter spielen, dämmert der 25. Juli herauf.

Eine Frau beugt sich tief über das Bett ihres Mannes.

„Hanko . . . Es ist Zeit, Hanko . . .“

Sie will noch etwas sagen, aber eine entsetzliche Bangigkeit schnürt ihr den Atem ab. Ein Weh, das tief aus dem Herzen kommt, treibt Tränen in die Augen.

Es ist unendlich schwer, sich jetzt zusammenzunehmen, und es geht nur, weil es um seinetwillen geschehen muß. Es ist ja auch lächerlich, diese Angst. Noch nie war das geschehen, und ausgerechnet heute wollte ihr Zutrauen in Hankos Können versagen?

Wie klein, wie jämmerlich, und doch . . .

Voll Scham vor der Unbegreiflichkeit der ahnungsschweren Angst denkt sie an den Brief, den sie gestern an die alte Frau schrieb, der Hanko und sie alles Leben bedeuten. Sie denkt daran, wie sie in diesem Brief ihrer ganzen Qual und Furcht Luft gemacht hat, wie sie von der eiskalten Hand gesprochen hat, die dauernd ihr Herz umklammert. Wie klein, wie . . .

Da schlägt der Mann die Augen auf. Er sieht tanzende Lichter, sieht das bräunliche Gekrümle eines Kuchens, und plötzlich begreift er.

Herrgott, richtig, er hat ja heute Geburtstag . . .

Achtundvierzig Lichter, siebenundvierzig kleine und ein Lebenslicht, zucken durch das fahle Dämmern des kleinen Hotelzimmers, während zwei Menschen die letzten glücklichen Minuten vereint, die das Leben ihnen schenkt.

Dann kommt Hertel, der alle Langenschen Pferde zum Siege aufgezäumt hat. Hertel, der schon mehr Schildwart und Paladin als Stallmeister ist.

„Es ist Zeit, Herr Baron."

Ja, es ist Zeit. Hertel geht wieder, und der Hanko sieht sich nach seinem Reitzeug um. Ja, es ist Zeit.

Reit' nicht, will die Frau schreien, aber der Mund hält nur das stille, tapfere Lächeln fest, und als sie die Kraft findet, die Lippen voneinander zu lösen, da ist es eine Belanglosigkeit, die herauskommt.

„Du mußt die Lichter löschen!"

Natürlich! Selbstverständlich muß er die Lichter löschen. Es macht ihm sogar großartigen Spaß. Siebenundvierzigmal darf er pusten, kurz hintereinander. Es ist fast wie auf dem Tontaubenstand.

Schließlich brennt nur noch das Lebenslicht, und da läßt ihn eine seltsame Regung innehalten.

„Mach du es aus, Mimusch. Ich bin so abergläubisch . . ."

„Nein!"

Das ist ein wirklicher Aufschrei, und mit der Hellsichtigkeit des Herzens, wie sie in seltenen Augenblicken sogar Männer haben, versteht er sie sofort.

Was soll man da tun? Ratlos wie zwei Kinder stehen sie sich gegenüber, und dann müssen sie plötzlich lachen.

Ein Kellner kommt, und der entscheidet das Problem, das so

geringfügig ist und hinter dem doch eine Welt von Menschenleid lauert.

Ein Kellner löscht ein Licht, und da ist gar nichts weiter bei. Aber als Hanko von Langen eine Stunde später in den Sattel steigt, als blaß neben dem Pferdehals das Gesicht seiner Frau leuchtet, da hat er für den Bruchteil einer Sekunde die Vision eines breiten Daumens, der plump und nüchtern und mitleidlos ein heißes, zuckendes Leuchten zerdrückt.

*

Zweiundzwanzig Reiter starten zu diesem Ritt. Drei von ihnen nur kommen bis zum vorletzten Hindernis und zwei darüber hinaus bis ins Ziel.

Hanko Langen ist nicht dabei.

Hanko Langen liegt todwund am vorletzten Sprung, und die Hand, die schon zum Siege ausgestreckt war, wühlt sich tief in den märkischen Sand.

Ein kleiner Fehler nur. Einen ganz kleinen Fehler hat Irene gemacht. Das Gelände mag schuld gewesen sein, ein leichtes Abrutschen beim Absprung.

Ein wenig, ein ganz klein wenig nur hakt die rechte Vorderhand hinter dem schweren Koppelrick, das zu überspringen ist.

Zentimeter, aber sie genügen bei dem ungeheuren Schwung, den dieser Sprung erforderte, Pferd und Reiter überschlagen und schwer in die kleine Schlucht hinter dem Hindernis krachen zu lassen.

Eine Staubwolke, eine riesige, gnadenvolle Staubwolke, und als sie sich verzieht, steht das Pferd mit hängendem Kopf neben seinem Herrn, der blutend mit zermalmter Hüfte im Sand liegt.

An allen Hindernissen haben sich die Zuschauer gedrängt, an allen andern gibt es unzählige hilfsbereite Hände.

Hier, an diesem Sprung stehen nur zwei Menschen, Mimusch und der Hertel. Gerade sie müssen hier stehen.

Nichts ist Zufall, nichts, im Ablauf dieses Schicksals.

Als Hanko von Langen die Augen aufschlägt, sieht er das tränennasse Gesicht seiner Frau. Sein Kopf ruht in ihrem Schoß. Lange schon, und es wird noch eine Stunde dauern, bis Hilfe kommt. Eine Stunde noch läßt eine erbarmungslose Fügung den Sand das Blut dieses Mannes trinken.

„Ach, Hanko, warum bist du nur geritten! Warum nur . . ."

Der Mann schließt die Augen, und als er sie wieder öffnet, liegt still und tief ein Lächeln darin.

Es ist wohl sicher, daß er schon die Schatten heranziehen sieht, und wenn er jetzt diesem liebsten Menschen Rechenschaft ablegen soll über das, was ihn zu diesem Ritt getrieben hat, wenn jetzt der heiße Schwung seines Herzens auch die Worte finden würde, dann wäre nichts begreiflicher.

Er kann ja sagen, daß auch dies wieder im tiefsten Sinne für Deutschland geschehen ist; er kann ja sagen, daß er geritten ist, weil er sich treu bleiben mußte. Alles das kann er ja sagen, doch was kommt wirklich über seine Lippen?

„Mimusch . . . nicht bös sein . . . es hat mir doch . . . solchen Spaß gemacht!"

*

Noch viele Stunden und Tage wehrt sich das ungebrochene Kämpferherz, aber dann — in der Nacht vom 2. zum 3. August — ist der Tod der Stärkere geblieben. Das Reiterschicksal des Hanko von Langen hat sich vollendet.

„Reiter ... ohne Furcht und Tadel ... wahrer ... Herzensadel ...“

Das sind seine letzten Worte, gesprochen schon aus dem großen Dämmern heraus, überstrahlt aber noch vom Jungenlächeln, das sein Leben leuchtend machte.

*

Seine Instleute holten ihn heim, und vor dem hellen Haus am Meer haben sie ihn noch einmal aufgebahrt.

Um Abschied zu nehmen.

Tausende waren dabei und sind vorübergeschritten am schlichten Sarg. Ein Teil von allen, die ihn liebten, aber alle, die sein Herz umschloß, als es noch schlug.

Alle, auch das Pferd Hanko.

Unbeweglich stand der Alte, der treueste der Treuen.

Meer und Himmel waren voll schmerzlichem Leuchten, und als die Hörner die große Kavallerieretraite in die Welt hinausklagten, als unter den Männerfäusten der Sarg sich hob, da sank langsam und feierlich das Tier in die Hinterhand und hob sich, berührt von unbegreiflich unsichtbarer Hand, zur Levade.

Hankos letzter Gruß an den toten Herrn.

Silbernes Glänzen aber, jubelnde Reflexe aus einer ewig leuchtenden Fülle, glitten zwischen Wolkenschatten über das Meer wie starkes, zukunftsfrohes Lächeln.

... und zog seine Straße fröhlich ...

So finden sie sich, Hanko und Hanko, und nun trennen sie sich nicht mehr . . .

„Und ich werde doch wieder reiten!“

„Zu meinem Vergnügen will ich eben reiten. Das ist alles!“

. . . wieder ein Reiter werden, der einmal für sein Land kämpfen darf!
So zwingen sie sich beide, Mensch und Pferd, zu immer höheren Leistungen.

„Und jetzt longieren wir ein wenig rechts ...“

Ein gewisser „Frei . . ér von Lan . . gén."
Hanko und Hanko in Malmö. Erster Ritt auf fremder Erde.

Zwei Reiter, zwei Ritter,
zwei Gegner.
Freiherr von Langen und
Italiens Meisterreiter,
Major Tappi.

Evviva 'anko ... evviva 'anko!
Evviva il cavallo 'anko!
(Sieger im Hochspringen in Rom 1924.)

Ein deutscher Reiter, ganz allein, siegt vor der gesamten italienischen Reiter-Elite. Rom 1924.

Zwei Männer unter dem gleichen Stern.
Hanko und Prinz Friedrich Siegesmund teilen sich einen deutschen Sieg.
Sie werden auch ihr Schicksal teilen.

„Ein schwebendes Gebilde aus lebendigem Stahl scheint Dich zu tragen.
Läßt Du Dich aber zur Erde ziehen im Geist und im Wollen,
so kriecht ein müder Wurm unter Dir im Staube.
Dein Pferd weiß um Dich!"

Hanko Langen und Nosoza

Eine Reiterlaufbahn hat begonnen, wie es keine zweite gab. Er, der Sieche, ist der erste Reiter seiner Zeit geworden.

Auf Hartherz, Berlin 1927.

Auf Bodega, Stettin 1925.

Auf Hartherz, Berlin 1927.

Auf Falkner, Hannover 1928.

Auf Leibfuchs, Aachen 1932.

Auf Heiduck, Berlin 1933.

Sie reiten alles, die beiden Hankos,
von der olympischen Dressurprüfung bis zum schweren Jagdspringen.

Als einziger gewinnt er dreimal das Deutsche Spring-Derby. Sein Pferd ist Hanko.

Freiherr von Langen in der „Deutschen Schul-Quadrille“ auf Auer.
Vorführung beim Internationalen Hallenturnier, Berlin 1925.

„Es reitet ... für Deutschland ... Freiherr von Langen ... auf Draufgänger!"
(Olympia-Dressurprüfung, Amsterdam 1928)

Und noch einmal der Tag von Amsterdam.
Auf Falkner im großen Jagdspringen.

Deutschland grüßt seinen Reiter.
Einzug in Aachen 1928.

Dem deutschen Olympia-Sieger der Ehrentrunk der Stadt Stralsund.

„Zu Pferde, Madame! ...“
„Wie Monsieur le Baron es wünschen.“

Es kommen viele Reitersiege und Triumphe ...

Eine goldene Schleife für Pferd und Reiter.
Freiherr von Langen und Prinzessin Wied.

. . . und es kommen böse Stürze:

Am großen Graben in Hannover, Nosoza hat sich versehen.

An einem Herbsttag auf der Grunewaldbahn.

... und zog seine Straße fröhlich ...

An dieser Stelle!
Soldaten bauten dieses schlichte Mal.

Erinnerungstafel für den dreimaligen Derby-Sieger auf dem Turnierplatz in Hamburg.

Statuette im Schloßpark zu Parow.

Heim!

Adieu, Hanko!